D1751696

LA CLINIQUE DE LA DIGNITÉ

Cynthia Fleury

LA CLINIQUE DE LA DIGNITÉ

LE COMPTE À REBOURS

SEUIL

Ce livre est publié dans la collection
« Le Compte à rebours »
dirigée par Nicolas Delalande et Pierre Rosanvallon.

ISBN 978-2-02-151425-4
© Éditions du Seuil/La République des idées, août 2023

Le Code de la propriété intellectuelle interdit les copies ou reproductions destinées à une utilisation collective. Toute représentation ou reproduction intégrale ou partielle faite par quelque procédé que ce soit, sans le consentement de l'auteur ou de ses ayants cause, est illicite et constitue une contrefaçon sanctionnée par les articles L. 335-2 et suivants du Code de la propriété intellectuelle.

www.seuil.com

LA CLINIQUE DE LA DIGNITÉ

INTRODUCTION

Au cœur des débats social, politique et éthique, sans doute les entrecroisant, la notion de dignité s'est imposée ces dernières décennies comme aussi centrale que celles de liberté et d'égalité, également constitutives de la dynamique des mouvements sociaux. Qu'il s'agisse d'évoquer de façon plus traditionnelle la « dignité des travailleurs, la « dignité des vies noires » (Black Lives Matter), la « dignité de la Révolution » (Maïdan [1]), la « dignité de l'Europe [2] » ou encore le « droit de mourir dans la dignité », la défense de la dignité de la vieillesse et de la dépendance, comme celle du handicap, sans parler de la dignité animale ou de celle du vivant, la notion est sans cesse invoquée. Cette nouvelle revendication se lie à une dénonciation tout aussi générale de l'indignité de certains comportements ou catégories sociales, comme si le nouvel axe de partition de la société opposait ceux qui bénéficient de conditions dignes de vie à ceux qui sont à leur service, « pourvoyeurs de dignité » parce que pourvoyeurs de soins, mais envers lesquels les premiers se comportent souvent de façon indigne, alors que tous détiennent une même dignité, irréductible et non négociable.

La modernité s'est mue, dans les sociétés développées occidentales, autour d'une double dynamique, antagonique : d'un côté le discours toujours plus solennel de valorisation de la dignité humaine et universelle, comme celle de la nature et du vivant – alors même qu'elles peuvent s'avérer concurrentes –, de l'autre la multiplication des formes dégradées de dignité dans les institutions et les

---

1. L'autre nom de la révolution ukrainienne de Maïdan.
2. Dans son plaidoyer symptomatique des peuples européens luttant contre les réformes libérales d'austérité budgétaire, le Premier ministre grec Alexis Tsipras évoquait le rétablissement de la « dignité des Grecs » et de la dignité de l'Europe.

pratiques sociales (hôpitaux, Ehpad, prisons, centres de réfugiés ou de migrants, pauvreté et précarisation des vies ordinaires, etc.). Le devenir indigne de la société s'est banalisé, donnant à voir un retour de l'incurie dans le quotidien de nos vies, et ce plus spécifiquement dans le monde du soin – les soignants témoignant d'une grande « souffrance éthique » dont ils attribuent principalement la cause aux conditions indignes de leur travail, bien éloignées de la prise en considération de la singularité et de la vulnérabilité des personnes, des patients comme des familles et des soignants eux-mêmes.

La modernité semblait guidée par un idéal de promotion et de défense de la dignité de chaque être humain. Qu'en est-il en ce début de XXIe siècle ? La critique des Lumières et de l'universalisme occidental a-t-elle définitivement dévalué la notion de dignité, tout comme la sensibilité nouvelle à la nature et à la cause animale, qui redéfinit les relations entre humains et non-humains ? La dignité comme valeur et pratique est mal en point. Faut-il pour autant l'abandonner et se résigner à la généralisation de l'indigne ? S'élabore ici une analyse du concept de dignité par ses marges et son envers, en proposant une « clinique de l'indignité », seule voie pour penser à nouveaux frais la dignité et ce qu'elle représente dans nos sociétés. Quels sont l'ambition et le protocole de cette « clinique », qui tente d'élaborer conjointement un diagnostic et des solutions thérapeutiques, et qui allie les méthodologies de la philosophie morale et politique, les sciences sociales – notamment la sociologie critique – à l'apport de cas cliniques (la sociologie carcérale, comme l'histoire stigmatisante de la clinique du sida, continuant de montrer comment l'*épreuve d'indignité* norme les individus, chacun craignant de subir le risque d'indignité s'il remet en cause les valeurs et les règles du contrôle social) ? L'intériorisation de la peur de tomber dans l'indignité, de même que l'injustice qui frappe ceux qui y sont réellement assignés, norme les êtres, assujettit les sujets au sens foucaldien, et dessine leurs conduites de vie.

Dès lors, revendiquer la dignité des personnes dans les mouvements publics signe un nouvel âge d'un agir politique, entièrement dédié à la reconquête d'une dignité en action, dont la

« matérialisation [3] » prend de nouvelles formes. Les « épreuves de la vie » ont de tout temps structuré les discours moraux et autres récits initiatiques. Elles ont – par définition – été le lieu d'incarnation de la dignité des personnes : l'être humain méritant est aussi celui qui traverse ces épreuves, parfois les accepte, toujours les dépasse, par la sublimation et l'apprentissage. Pour autant, un nouveau type d'épreuves se banalise, comme s'il s'agissait de démontrer sa capacité à faire face, à demeurer digne alors même que tout incline à l'indignité, et que les modes dégradés ne sont plus exceptionnels mais coutumiers. Faut-il y voir le retour de la vieille notion religieuse de culpabilité – comme si ce risque à jamais nous guettait –, ou bien plutôt une reviviscence du biopouvoir qui continue de peser sur les corps et les esprits en les menaçant d'indignité ? Les atteintes à la dignité des personnes sont devenues un mode de management commun dans la société, tant en son centre (le monde « inclusif » du travail) qu'à ses marges (le monde de l'exclusion sociale). L'univers carcéral est, par excellence, le lieu où s'élabore une atteinte à la dignité de la personne, plus qu'une expérience de privation de la liberté.

Pourquoi, alors, fonder une clinique de la dignité ? Parce qu'il y a un paradoxe entre l'attente renforcée et proclamée de dignité, et l'invisibilisation croissante d'un ensemble de tâches et

---

3. La notion de « matérialisation » désigne les conditions matérielles réelles, non formelles, de la dignité : avoir accès à un logement salubre, pouvoir jouir concrètement de ses droits formels, exercer un travail « décent » selon les critères de l'Organisation internationale du travail, etc. L'ampleur de cette matérialisation varie avec le temps, même si l'histoire « occidentale » des démocraties, depuis la fin de la Seconde Guerre mondiale, défend l'idée d'une linéarité du progrès social et juridique. Depuis les années 1970, les notions de *matter* et de *pride* (les mouvements civiques, les mouvements liés à la lutte contre le sida, LGBTQ+, ou encore les mouvements de défense des personnes atteintes de troubles neurologiques victimes de stigmatisation, etc.) se sont déployées, jusqu'à se normaliser à partir des années 1990 pour apporter une signification complémentaire à cette matérialisation, en lui adjoignant les réquisits des éthiques de la reconnaissance, et la dénonciation des expériences/ressentis de mépris ou d'humiliation. Les mouvements continuent de scander les notions de *matter* (égale valeur des vies) et de *pride* (fierté des sujets qui vivent ces vies stigmatisées par les normes sociales) pour dénoncer la rémanence et la reconfiguration des formes d'indignité malgré un contexte politique et social toujours plus soucieux, du moins dans ses déclarations publiques, de consolider les conditions matérielles de la dignité. Tel est précisément le paradoxe des politiques publiques et des mécanismes sociétaux, ou plus prosaïquement leur faillite, dénoncés par ces mouvements. Ces derniers ne veulent plus adouber par leur silence le fait que l'invisibilité des vies « indignes » se perpétue et se rénove.

de travaux qui ont pour mission de la redynamiser. C'est au chevet des vies « indignes » qu'une analyse réelle et non fantasmatique de la « dignité » surgit : en étudiant le fardeau que ces vies font peser sur les corps des plus vulnérables, alors même que leur valeur idéal-typique est encensée dans les démocraties. Derrière le grand mouvement social et politique de matérialisation des droits et des conditions dignes de la vie des individus se loge un « devenir-indigne » toujours puissant et qui rénove inlassablement ses formes.

Clinique, parce que le manque de dignité, réitéré et institutionnalisé, provoque immanquablement des atteintes à la santé physique et mentale. Aucune politique de la dignité ne pourra se déployer sans s'appuyer, sans complaisance aucune, sur une clinique de la dignité mettant à nu ses contradictions, et l'obligeant à exercer un rapport régénéré, empreint de soin, aux corps et aux personnes. La modernité ne peut plus se construire en se satisfaisant de produire de façon systématique le coût, inhumain et indigne, de la dignité, qu'elle universalise par ailleurs : indignité de vies autres qui permettent l'élaboration des vies dignes de certains, indignité d'un rapport à la Terre et au vivant qui pose l'exceptionnalité de l'homme du côté des manquements et avilissement moraux, alors même que le concept de dignité ne résiste pas à l'absence d'une définition relationnelle.

Certes, il y a l'irréductible et symbolique dignité humaine et de la vie, qui brille d'autant plus symboliquement qu'elle est absente de nos vies réelles. Nul ne peut nier la nécessité d'une telle fiction ou d'une telle sublimation pour continuer de conduire nos vies, mais nul ne peut nier que l'édification de la dignité nécessite un nouvel acte dans sa « matérialisation » concernant certes les conditions de vie des personnes, mais surtout la clinique relationnelle qui les unit. Même si la dignité se définit comme le point axiomatique, irréductible et symbolique, pivot de toute philosophie morale, la clinique de la dignité rappelle combien, dans la philosophie politique et sociale, la question de la dignité est moins substantielle que relationnelle. Cette question relève en effet d'une fabrique collective garante de la dignité des interactions sociales, et de la matérialisation des conditions dignes de vie et de travail, en lien solidaire avec l'ensemble du vivant. D'une certaine façon, la dignité ne se contente plus d'être la propriété métaphysique de l'humain, elle est ce qui définit un agir, c'est une dignité en action, dans la production d'interactions réciproques, à l'intérieur de nos écosystèmes humains et naturels.

Si la notion de dignité s'est trouvée convoquée, en ce début du XXIe siècle, sur le devant des scènes médiatiques et publiques, c'est également parce qu'une nouvelle sensibilité « publique » et « citoyenne » a émergé, proposant une autre conception de ce qui est tolérable *versus* ce qui ne l'est plus. Cette conception se nourrit d'une éthique du *care* susceptible de proposer une phénoménologie critique de la politique, au sens où elle décrypte les régimes de visibilité et d'invisibilisation des processus de vulnérabilisation de certaines catégories de la population, ou encore des externalités négatives que font peser sur la nature nos choix de production et de consommation industriels.

Historiquement, l'avènement du concept de dignité a signé la revendication d'un nouvel âge social et démocratique, faisant de la question sociale le cœur de la question politique, avec la concrétisation des droits sociaux, et, plus généralement, la matérialisation des conditions dignes de vie et de travail, tandis que tout individu – et pas seulement tout citoyen – revêtait une égale dignité, qui n'était plus l'apanage des seules élites. L'idéal républicain et révolutionnaire français a toujours lié l'égalité à la liberté, et la notion d'égalité a toujours impliqué l'égale dignité des personnes. 1789 a « libéré » la notion de dignité en la rendant indépendante de la naissance sociale, et en a proposé une définition « dynamique », tournée vers la participation à « l'utilité commune ». Pour autant, les principes de liberté et d'égalité semblent avoir structuré prioritairement les imaginaires politiques et sociaux, et conduit le récit de l'émancipation individuelle et collective. Ce n'est que plus récemment qu'a soufflé un vent nouveau de radicalité sur le concept de dignité, comme s'il devait désormais apporter la preuve de la réalité effective de ces principes de liberté et d'égalité, ou, à l'inverse, la preuve de leur absence. Dès lors, le concept de dignité s'est redéployé avec une amplitude nouvelle, pour signifier tant le respect absolu de la singularité des personnes que la défense de la qualité de l'interdépendance qui les unit, ou encore la reconnaissance des valeurs intrinsèques de la nature et du monde vivant non humain. Après avoir été au centre de la lutte contre l'esclavage ou la colonisation[4], ou indissociable de la question ouvrière, la revendication de la dignité redevient centrale pour dire le rapport au monde, au sein des sociétés humaines mais aussi entre les individus et l'ensemble du vivant. Car, *in fine,* sont indignes non pas celles et ceux qui vivent dans des conditions indignes, mais bien celles et ceux qui produisent et tolèrent ces conditions. En ce sens, qu'on le veuille ou non, l'indignité est l'affaire de tous.

---

4. Dans l'un et l'autre cas, il a été essentiel de qualifier l'ensemble des êtres humains par les vocables d'« égale dignité », mais également de rappeler que la non-reconnaissance de cette *dignité de tous* invalidait l'idée même d'une dignité des « Blancs » – puisque cette dignité n'était pas partagée par tous. Dès le XVIe siècle, le marronnage défend sa dignité comme haut lieu de sa résistance, comme un point irréductible qui met la violence de l'homme blanc en échec, dans la mesure où cette dignité est inébranlable. Le *Discours d'un Nègre Marron, qui a été repris, & qui va subir le dernier supplice*, publié en 1777 par Guillaume Antoine Le Monnier, est typique de ces textes qui interpellent l'indignité du Blanc, conséquente de sa position esclavagiste : « Hommes à la peau blanche, hommes atroces […], vous que je ne pourrais sans honte appeler mes égaux […]. Combien de temps il m'a fallu pour me guérir de la folie d'aimer les Blancs ! […] Puisse donc la race des Noirs se multiplier […] puisse-t-elle un jour, je ne dis pas réduire à la servitude, mais forcer à l'humanité ces Blancs qui l'outragent ! » (réf. des citations : p. 1, 4, 6, 7).

Chapitre 1

LES ÂGES DE LA DIGNITÉ

La dignité est l'une des notions les plus étudiées, de la philosophie au droit, en passant par la religion, ou la bioéthique[1]. Pour la philosophie des Lumières (Rousseau, Kant), le principe de dignité est inséparable de la question de l'humanité, au sens où il affirme la valeur intrinsèque de la personne comme celle de l'espèce humaine[2] ; sa consécration est donc inséparable des principes humains que sont la liberté, l'autonomie, l'égalité entre les individus. La conception des droits de l'homme, dans les Déclarations de 1789 et 1948, est la traduction juridique de cette idée philosophique révolutionnaire qui établit la dignité comme l'inaliénable de l'homme, et surtout la rend inséparable de droits et de devoirs positifs, non strictement formels : si la dignité humaine ratifie l'exceptionnalité de l'homme par rapport aux autres espèces du vivant, cette dignité est à poser du côté de la responsabilité, d'un certain ethos à assumer, et non de la toute-puissance. Sans oublier le fait que la dignité humaine

---

1. Pour une historiographie plus précise de la notion de dignité, voir notamment les articles et thèse suivants, qui proposent une revue de littérature : Christoph Menke, « De la dignité de l'homme à la dignité humaine : le sujet des droits de l'homme », *Trivium*, 3, 2009 (URL : https://journals.openedition.org/trivium/3303) ; Bernard Baertschi, « Dignité (A) », dans Maxime Kristanek (dir.), *L'Encyclopédie philosophique*, 2017 (URL : https://encyclo-philo.fr/item/109) ; Muriel Fabre-Magnan, « La dignité en droit : un axiome », *Revue interdisciplinaire d'études juridiques*, vol. 58, n° 1, 2007, p. 1-30 ; Thierry Pech, « La dignité humaine. Du droit à l'éthique de la relation », *Éthique publique*, vol. 3, n° 2, 2001 ; Félicité Mbala Mbala, « La notion philosophique de dignité à l'épreuve de sa consécration juridique », thèse en sciences de l'homme et société, Université du droit et de la santé – Lille II, 2007.
2. « Si seule la personne humaine est sujet de dignité, la dignité constitue, plus généralement, l'alpha et l'oméga du genre humain. Cela ne veut pas dire que les êtres humains qui n'ont pas la qualité de personnes – embryons, fœtus, êtres décédés – ont eux-mêmes une dignité. Mais on peut considérer que leur humanité commande de les traiter avec dignité. C'est ce qu'exprime l'article 16-1-1 du Code civil lorsqu'il énonce que « les restes des personnes décédées, y compris les cendres de celles dont le corps a donné lieu à crémation, doivent être traités avec respect, dignité et décence », dans Grégoire Loiseau, *Le Droit des personnes*, Paris, Éditions Ellipses, 2016, p. 170.

suppose un cadre d'expression où les dignités sont en dialogue, tout homme prenant le risque de perdre sa dignité à se conduire de façon indigne avec tel autre. Non que la notion de dignité n'ait pas précédé l'époque des Lumières, mais elle n'était pas indissociable d'un pouvoir d'agir, d'une revendication de l'autonomie et du libre arbitre.

De la *dignitas* aristocratique à l'égale dignité

Les théologiens ont toujours défendu une conception de la dignité humaine inséparable de l'idée de créature à l'image de Dieu, tenant précisément sa valeur de cette filiation. Dans cette période d'avant les Lumières, la dignité de l'homme est irréductible dans son dialogue avec Dieu : elle ne peut lui être dérobée, parce qu'il est une créature divine. Mais sur le terrain historique et sociopolitique, la dignité de l'homme peut varier selon les statuts sociaux, sans que soit remis en cause son caractère inaliénable dans le contexte théologique. Chez les philosophes des Lumières, ce caractère inaliénable perdure ; il ne fait toutefois pas référence au statut de créature, mais à celui de « personne » – qui ne peut jamais être considérée par autrui comme un « moyen ». Dans les deux conceptions, et malgré la tension paradoxale que cela suppose, ni le péché ni l'acte immoral ne peuvent annuler la dignité, inaliénable, de l'être humain qui, telle une idée régulatrice, se maintient au-delà ou en deçà de tout acte répréhensible, subi ou commis.

Entre ces deux approches, celle des théologiens et celle des Lumières, Pic de La Mirandole signe au XVe siècle un tournant splendide, en assumant et le temps historique qui le précède et qui présente l'être humain comme créature divine, et le temps futur qui l'adoube en tant que sujet susceptible d'inventer sa forme. Cette conception de la dignité assumant une plasticité de l'homme – au sens où il est celui qui parachève sa forme – n'est pas à assimiler à celle des penseurs transhumanistes, qui caricaturent la notion en la rendant étrangère à toute idée de limite et de sublimation symbolique. Chez Pic, comme chez les philosophes des Lumières, l'homme tente d'affirmer une liberté tout en ayant conscience à la fois de ses limites ontologiques (celles de la finitude) et de l'obligation morale, symbolique, de les dépasser, ne serait-ce qu'en refusant d'y associer un nihilisme. L'homme est garant du respect de l'intégrité physique de tout humain, d'une non-atteinte à son corps, comme à celui d'autrui. À l'inverse, pour les transhumanistes, l'enjeu n'est plus symbolique mais technique, et la plasticité formelle laisse place à une plasticité matérielle, orientée vers l'augmentation quantitative (et non vers le perfectionnement qualitatif, cher aux Lumières). Dès lors, la « dignité » de l'homme serait précisément de pouvoir se désolidariser d'une définition de l'homme que les transhumanistes jugent trop figée dans ses attributs tant corporels que juridiques.

Une approche historiographique du concept de dignité montre ainsi qu'il existe différents « âges » de la dignité, mettant en exergue telle ou telle conception, parfois inconciliables. Il y a d'abord eu un âge de la dignité humaine compatible avec l'inégalité, voire la revendiquant, une dignité indissociable d'une société des inégaux, indissociable de la hiérarchisation sociale et théologique des créatures divines, humaines et non humaines. Un temps où la *dignitas* de l'individu bien né, souvent aristocrate, prévalait sur toute autre conception plus intrinsèque de la dignité, dévolue à tout être humain. La *dignitas* est l'autre nom de la valeur publique conférée à un individu, indissociable de son prestige et de son honneur. Certes, les Anciens défendent un continuum entre la *dignitas* et le mérite, comme si la première était la matérialisation d'une qualité indéniable de l'individu. La *dignitas* ne peut pas être simplement l'apparence de la vertu ou de la compétence ; elle se présente comme une sorte d'autorité naturelle. Pour autant, force est de constater qu'elle est rarement l'apanage des individus sans aucun statut social ou économique.

L'intangibilité[3] de la dignité humaine défend l'exceptionnalité de l'homme par rapport au vivant, mais aussi la divisibilité des temps terrestres et divins, les premiers prônant des discriminations irréductibles. Le sermon de Bossuet *De l'éminente dignité des pauvres* (1659) est symptomatique de ce « seuil » à venir, entre les conceptions antique et moderne de la dignité. Bossuet s'inscrit dans la tradition de la richesse des pauvres matériels, au sens où ces derniers seraient garants d'une spiritualité supérieure à celle des riches. Pour autant, il ne se résout nullement à ce que le « fardeau » des pauvres ne soit porté que par ces derniers[4]. La lecture de Bossuet annonce ce qui se vivra comme contradiction, à savoir la dichotomie entre le caractère inaliénable de la dignité humaine et sa réalité physique, se contentant d'un caractère purement abstrait, qui, par son abstraction, désavoue l'idée même de dignité. Il est évident que la conception de la dignité ne peut être aliénée par l'obligation de matérialisation intégrale, surtout lorsqu'elle se dialectise avec la notion de *matter*, plus subjective, et liée au « ressenti ». Pour autant, l'exigence de matérialisation signe la validité du concept de dignité, sa crédibilité ; elle permet de dépasser la critique sceptique, de type schopenhauerien, de la dignité, qui peut la considérer comme un *shibboleth* pour « tous les faiseurs de morale sans idée ni but »[5]. Dans son ouvrage

---
3. François Rigaux, « Les sources philosophiques de l'intangibilité de la dignité humaine », *Bulletin de la classe des lettres et des sciences morales et politiques*, tome 12, n° 7-12, 2001, p. 561-598.
4. « Pourquoi cet homme si fortuné vivrait-il dans une telle abondance et pourrait-il contenter jusqu'aux désirs les plus inutiles d'une curiosité étudiée, pendant que ce misérable, homme toutefois aussi bien que lui, ne pourra soutenir sa pauvre famille, ni soulager la faim qui le presse ? Dans cette étrange inégalité, pourrait-on justifier la Providence de mal ménager les trésors que Dieu met entre des égaux, si par un autre moyen elle n'avait pourvu au besoin des pauvres et remis quelque égalité entre les hommes ? C'est pour cela, chrétiens, qu'il a établi son Église, où il reçoit les riches, mais à condition de servir les pauvres ; où il ordonne que l'abondance supplée au défaut, et donne des assignations aux nécessiteux sur le superflu des opulents. Entrez, mes frères, dans cette pensée : si vous ne portez le fardeau des pauvres, le vôtre vous accablera ; le poids de vos richesses mal dispensées vous fera tomber dans l'abîme : au lieu que si vous partagez avec les pauvres le poids de leur pauvreté, en prenant part à leur misère, vous mériterez tout ensemble de participer à leurs privilèges. » Bossuet, *De l'éminente dignité des pauvres*, « Second Point » (1659), Paris, Éditions Mille et Une Nuits, 2015, p. 28-29.
5. « Cette expression, "la dignité de l'homme", une fois employée par Kant, a servi ensuite de *shibboleth* à tous les faiseurs de morale sans idée ni but ; ils ont dissimulé à l'aide de ce mot imposant [...] leur impuissance à fournir un fondement réel, ou du moins plausible, pour

consacré à la question de la dignité, Michael Rosen établit plusieurs « volets » dans la signification historique et actuelle de la dignité : la dignité comme statut social (*dignitas*), comme valeur intrinsèque, comme comportement digne ou encore comme réquisit moral envers autrui. Rosen montre surtout que le concept de dignité, à l'instar de celui d'éthique, devient plus extensif pour y inclure ce qui par le passé ne l'était pas. Le « cercle de la dignité » suit celui de l'éthique en s'élargissant, jusqu'à intégrer le non-humain, le vivant dans son ensemble. De même, le concept de dignité, compatible avec la société des inégaux, devient indissociable d'une société décente, où chacun est respecté dans sa singularité et reconnu dans ses droits.

Après l'âge de la dignité dans la société des inégalités, un âge plus « démocratique » d'un accès à l'égale dignité a vu le jour, constitutif du XVIIIe siècle mais aussi, plus spécifiquement, du XIXe siècle, avec l'avènement de la question sociale et ouvrière. En revanche, si le concept de dignité est de nouveau interrogé aujourd'hui, c'est parce qu'il fait face à des problématiques susceptibles de transformer sa définition : comment définir la dignité humaine dans un contexte qui dévalue la notion d'universel, ou qui ne reconnaît pas l'exceptionnalité humaine par rapport au reste du vivant ? Comment croire à la validité de ce concept tandis que la modernité reste une fabrique collective de l'indignité des vies, et semble banaliser le risque d'indignité comme nouvelle « épreuve à vivre », archétypale des contextes socio-économiques actuels de réification ? Cela vaut *a fortiori* dans la situation plus générale de l'anthropocène qui systématise le risque de vulnérabilité et de vie invivable ne répondant pas aux critères de la vie bonne.

---

la morale » (Arthur Schopenhauer, *Le Fondement de la morale*, trad. par Auguste Burdeau, Paris, Le Livre de poche, 2014, p. 103), cité dans Michael Rosen, *Dignity : Its History and Meaning*, Harvard, Harvard University Press, 2012, p. 1.

Dignes de reconnaissance

Dans *Le Droit de la liberté*, Axel Honneth reprend le concept kantien de dignité pour rappeler à quel point les sujets contemporains oublient le double mouvement dans lequel est insérée la dignité humaine :

> […] la « dignité » humaine cessa d'être fondée sur l'idée que l'homme, en tant que créature de Dieu, partage, au moins en partie, ses qualités. Désormais, elle devait l'être sur l'idée que cet homme représentait sur le plan moral une fin en lui-même, une fin en soi [*Selbstzweckhaftigkeit*], du seul fait que tous les autres humains devaient le considérer comme une personne autonome capable de justifier rationnellement ses actes. […] Mais, ce que Kant avait entendu, dans une acception positive, sous le terme de « liberté morale », n'est pas, dans tous ces changements sociaux-culturels, mis en valeur sur le plan social avec la force de l'inévitabilité. Après tout, cette « liberté morale » impliquait en effet à ses yeux que nous ne sommes véritablement libres qu'à la condition non seulement de pouvoir nous soustraire à des exigences au motif de leur non-universalisabilité, mais également qu'à la condition d'orienter notre agir, « de l'intérieur », en le fondant sur des raisons universalisables [6].

Autrement dit, avec Kant, la dignité humaine se sécularise, elle oblige les individus à se considérer comme des fins en soi, mais également à orienter leurs « impulsions et pulsions pures en raisons rationnelles, c'est-à-dire [à] agir à partir de la perspective impartiale de la moralité [7] ».

Le défi s'avère cependant difficile à relever : d'une part parce que le concept même d'universalité est jugé illégitime, alors qu'il reste une idée régulatrice plus opérationnelle que défaillante, du moins quand il est abordé de façon critique et non caricaturale ; d'autre part parce que l'opinion publique juge désormais la

---

6. Axel Honneth, *Le Droit de la liberté. Esquisse d'une éthicité démocratique*, trad. de l'allemand par Frédéric Joly et Pierre Rusch, Paris, Gallimard, coll. « NRF Essais », 2015, chap. V, « Liberté morale », p. 156-158.
7. *Ibid.*, p. 158.

perspective d'une moralité impartiale impossible sans que soient mis à nu ses fondements coloniaux (ce qui est une excellente chose dans la mesure où « nos » morales, « nos » métaphysiques, « nos » systèmes de valeurs sont indissociables des histoires, cultures, économies, politiques qui sont les nôtres ; l'approche décoloniale apparaît ainsi essentielle pour accéder à ce qui pourrait être une dynamique universaliste robuste épistémologiquement et moralement parlant). Ces deux points posés et assimilés, un troisième facteur pose une réelle difficulté tant il est refoulé : la tendance à vouloir extraire de tout jeu intersubjectif, social et même juridique, le concept de dignité.

Les « marches de la dignité » n'expriment pas seulement une demande de reconnaissance ; ce sont des marches de la fierté (*pride*), de la valeur intrinsèque des vies (*matter*), du respect inconditionnel dû d'emblée aux individus, pas simplement en tant qu'isolats, mais insérés dans leur histoire collective de souffrance et de cibles d'irrespect. Un vent de radicalité souffle sur le concept de dignité, alors même que celui de reconnaissance trahit – peut-être – encore le désir sourd, ou la nécessité, d'être estimé par l'autre. La revendication actuelle de la dignité semble davantage s'inscrire dans un horizon de l'irréconciliable. Chacun comprend aisément que la dignité formelle et la dignité réelle doivent être les plus indissociables possible sur le terrain du politique ; mais chercher à les réconcilier intégralement, comme si la dignité n'avait rien à gagner à se définir de façon principielle et symbolique et qu'elle devait exclusivement « vérifier » par le quantitatif ses appétences qualitatives, piège finalement le sujet en lui offrant comme seul horizon la frustration et le ressentiment. La thèse ternaire lacanienne du Réel-Symbolique-Imaginaire (RSI) rappelle que tout travail analytique s'appuie sur une clinique à trois variables constituées par ces « trois registres de la réalité humaine[8] ». Pour le dire de façon didactique, et nécessairement

---

[8]. Conférence « Le symbolique, l'imaginaire, le réel » (1953), pour ouvrir les activités de la Société française de psychanalyse, dans *Bulletin de l'Association freudienne*, n° 1, novembre 1982 ; voir aussi *Le Séminaire*, livre XXII, *RSI*, Paris, Seuil, 2005.

insuffisante, tout sujet humain navigue entre ces trois repères, formant un seul fleuve en tension, et qui doit rester en tension ; à défaut, le sujet est pris au piège du Réel, de l'Imaginaire ou du seul Symbolique. Vouloir « vérifier » intégralement l'ordre du qualitatif exclusivement par celui du quantitatif voue le sujet à la passion-pulsion de l'insatiabilité : cette « liberté » relève en fait de l'addiction et de la dépendance, au sens où le sujet croit pouvoir combler le manque uniquement par la matérialisation (qui se réfère à l'ordre de l'imaginaire). Or la matérialisation seule ne comble rien, car le manque est structurellement infini. Seul le symbolique est susceptible de calmer le rapport à l'absence, qui reste inéluctable. Il va sans dire que manier le RSI n'a pas pour but d'excuser les manquements des politiques publiques, ou les défaillances continuelles des comportements humains. Le RSI permet simplement de rappeler que la vérité clinique n'est pas la vérité politique ou éthique. Libérer le sujet de sa tentation ressentimiste lui permet en revanche d'envisager une guérison de son ressentiment ou de sa souffrance psychique, alors même que le terrain du Réel le désavoue et nécessite son implication politique pour se transformer.

Chez Axel Honneth, le concept clé de « reconnaissance » est façonné par celui de dignité, au sens où le sujet veut se ressentir « digne de reconnaissance ». La notion de reconnaissance insère chacun dans un jeu relationnel entre individus, de part en part pétri par « une dépendance réciproque à l'égard de la considération ou de la reconnaissance que chacun rencontre dans l'autre ou les autres [9] ». Pour Honneth, c'est l'expérience vécue du mépris social, et non celle de l'altruisme, qui est au fondement de la morale [10]. Pourquoi, dès lors que ces deux concepts sont comme un écho l'un

---

9. Axel Honneth, *La Reconnaissance. Histoire européenne d'une idée* (2018), trad. de l'allemand par Pierre Rusch, Paris, Gallimard, coll. « NRF Essais », 2020, p. 12.
10. Axel Honneth, « *Integritât und MiBachtung. Grundmotive einer Moral der Anerkennung* », Merkur, 1993, SOI, p. l043-1054, trad. de l'allemand par Hervé Pourtois, dans Jean-Michel Chaumont et Hervé Pourtois (dir.), « Souffrance sociale et attentes de reconnaissance. Autour du travail d'Axel Honneth » (préface de Tzvetan Todorov), Université catholique de Louvain, *Recherches sociologiques*, vol. XXX, n° 2, 1999.

de l'autre, la dignité est-elle en passe de revenir sur le devant de la scène conceptuelle et politique – comme si la notion de reconnaissance négociait trop l'inaliénable d'un sujet, à savoir sa dignité non négociable ? Honneth a décrit la fragilisation du sujet lorsqu'il est trop dépendant de la reconnaissance d'autrui ; il évoque alors une falsification de la reconnaissance, ou comment celle-ci se pervertit, dès lors qu'elle est purement symbolique et jamais matérielle, lorsqu'elle enferme le sujet dans une pure logique de compétition ou de domination qui ne disent pas leurs noms [11]. La revendication de la « dignité » chercherait-elle à s'extirper plus aisément – est-ce seulement possible ? – de ce jeu social ?

Deux dynamiques encadrent nos vies contemporaines : d'une part celle de la continuation, voire du renforcement, de l'individualisme, au sens où nos formes de vie veulent revêtir l'apparence illusoire d'une autonomie la plus éloignée possible des règles civiques et pragmatiques de l'hétéronomie seule viable et réelle ; d'autre part celle de la revendication d'un dû (reconnaissance par rapport au *passé qui ne passe pas*), eu égard à l'appartenance à telle communauté, tel genre, telle histoire bafouée et non (assez) reconnue jusqu'alors. S'agit-il pour autant d'une revendication à destination de la communauté, comme un regain d'intérêt pour la reconnaissance des collectifs d'appartenance ? La réponse n'est pas évidente. En surface, très certainement. Mais il n'est pas sûr (et d'ailleurs pas nécessairement souhaitable) que cette revendication de dignité à l'adresse des collectifs victimisés par d'autres plus forts, à un instant *t* de l'histoire, soit la destination finale de cette demande. Si c'était le cas, le respect dû à « nos » vies nous orienterait vers des philosophies de la reconnaissance des droits collectifs (Kymlicka [12], etc.) ; mais il se peut que derrière le « nos » vies se cache encore une approche individualiste d'un nouveau type.

---

11. Le désir de reconnaissance sociale peut être tellement présent chez l'individu qu'il finit par le fragiliser, l'incitant, par exemple, à accepter des conditions matérielles de travail indécentes pour obtenir une reconnaissance symbolique, un statut qu'il juge désirable à ses yeux, parce que ce statut le rend désirable aux yeux d'autrui.
12. Will Kymlicka, *La Citoyenneté multiculturelle : une théorie libérale du droit des minorités* (1995), trad. de l'anglais par Patrick Savidan, Paris, La Découverte, 2001.

Ce n'est cependant pas parce que l'usage des concepts manque de dimension critique qu'il faut se résoudre à les abandonner. Si la dignité est de nouveau revendiquée, avant même la liberté, et l'atteinte à la dignité dénoncée quasi systématiquement, parfois de façon abusive, c'est parce que les individus ont subi ces dernières années, et ce quelles que soient les sociétés, des atteintes à leur sentiment de dignité, dues à des mécanismes de réification et d'inégalité extrêmement puissants. Dignité, égalité et liberté sont les trois versants d'une même revendication pour l'individu d'accéder à la vie bonne : que vaut l'irréductible de la dignité – la valeur intrinsèque de l'individu – si les formes matérielles et donc existentielles de la dignité sont inexistantes, ou grandement érodées dans les vies actuelles ? Que vaut la dignité du sujet sans l'avènement et la pérennisation des « conditions dignes » de la vie ?

Ce glissement de la notion de reconnaissance – plus *sociale* – vers celle de dignité – tournée vers la singularité de la personne – nous invite à penser une clinique de la dignité. Il faut bien comprendre que le concept de reconnaissance n'a de sens chez Axel Honneth que dans la mesure où il s'inscrit dans des « relations dignes » de ce nom. Sinon, et Honneth le confirme à maintes reprises, l'individu devient le jouet de la reconnaissance sociale, au sens où il l'espère et où elle lui échappe, ne lui laissant alors qu'un sentiment d'amertume. Honneth parle ici de reconnaissance falsifiée. En plaçant au cœur de sa philosophie sociale le concept de « reconnaissance », il semble proposer une nouvelle hiérarchie des principes démocratiques qui poserait le concept de dignité devant celui d'égalité, comme si l'ultime atteinte à la dignité était plus déterminante encore que celle à l'égalité. Chacun doit certes s'obliger à réformer une société inégalitaire ; mais face à une société qui fabrique de l'indignité, la seule réforme ne suffit pas. La société s'invalide en tant que telle et ne fait pas uniquement l'épreuve d'un dysfonctionnement qu'elle pourrait amender : « L'éradication de l'inégalité ne représente plus l'objectif normatif, mais c'est plutôt l'atteinte à la dignité ou la prévention du mépris, la "dignité" ou le "respect", et non plus la "répartition équitable des biens" ou "l'égalité matérielle" qui constituent ses catégories centrales [13]. »

C'est ici que la controverse avec Nancy Fraser s'inaugure. Car cette dernière a raison de penser qu'en posant au cœur de sa théorie la notion de reconnaissance, Axel Honneth prend le risque de dépolitiser la question sociale, en évacuant la grande question de la redistribution des biens [14]. Tandis que le concept de redistribution « vise la mise en place de la justice sociale à travers la redistribution des biens, conçus comme vecteurs de liberté », le concept de reconnaissance « définit les conditions d'une société juste ayant pour objectif la reconnaissance de la dignité individuelle de tout un chacun [15] ». En théorie, redistribution et reconnaissance sont nécessaires et insubstituables [16] ; dans les faits, tendre trop vers l'un ou vers l'autre ne produit pas les mêmes conséquences, ni les mêmes effets pervers. Sans doute les questions de répartition juste ou d'égale redistribution protègent-elles le sujet d'une dépendance à la notion de reconnaissance. Mais que signifierait une « égalité » qui ne produirait jamais une éthique de la reconnaissance ? La nécessité des deux mécanismes reste indépassable. En revanche, dans les deux cas, extraire la question de la redistribution ou celle de la reconnaissance de la clinique du RSI (pour ne nommer qu'un seul des outils analytiques conséquents) mène le sujet et les sociétés dans une dérive entropique ressentimiste.

---

13. Axel Honneth, « Reconnaissance et Justice », dans « Transmettre », *Le Passant ordinaire*, n° 38, janvier-février 2002 (article en ligne).
14. Voir Nancy Fraser, « Justice sociale, redistribution et reconnaissance », *Revue du MAUSS*, n° 23, 2004/1, p. 152-164.
15. Axel Honneth, « Reconnaissance et Justice », art. cité. Voir également A. Honneth et N. Fraser, *Redistribution or Recognition ? A Political-Philosophical Exchange*, Londres et New York, Verso, 2003, p. 188.
16. « Le paradigme de la redistribution met l'accent sur les injustices qu'il comprend comme socio-économiques et qu'il pense comme le produit de l'économie : l'exploitation, l'exclusion économique et le dénuement. Le paradigme de la reconnaissance, pour sa part, cible plutôt les injustices qu'il comprend comme culturelles et qu'il pense comme le produit de modèles sociaux de représentation, d'interprétation et de communication : la domination culturelle, le déni de reconnaissance et le mépris », dans Nancy Fraser, « Justice sociale, redistribution et reconnaissance », art. cité, p. 155.

Chapitre 2
L'INDIGNITÉ UNIVERSELLE

Toute clinique de la dignité, pour être pertinente et non strictement formelle, est nécessairement une clinique du Réel, donc une clinique de l'indigne. Et toute théorisation de la dignité, et de son universalité, fait l'épreuve, pour fonder sa robustesse, d'une mise à nu de cet « universel », donc d'une déconstruction par l'approche décoloniale de ladite (in)dignité. Pour toucher du doigt le caractère aigu de cette question, il faut prendre en considération le point de vue du plus vulnérable, comme s'il s'agissait d'investir non pas l'approche « macro », ou simplement « méta », ou principielle, mais d'aller au cœur des vécus, des « épreuves », et d'aller interroger le « micro » du « micro », soit les vulnérabilités de l'individu. Il faut se tourner vers Frantz Fanon, W.E.B. Du Bois, James Baldwin, Stuart Hall, ou plus récemment Patricia Hill Collins, bell hooks, et Kimberlé Crenshaw pour saisir que l'une des fabriques essentielles de l'indignité demeure celle de la violence et de la domination, avec comme anti-idéal-typique, l'institution coloniale.

Les narrativités « noires »

Qu'est-ce que le sentiment d'indignité ? C'est un sentiment d'atteinte à l'intégrité physique et psychique, comme si l'irréductible en soi était humilié, déshonoré, et que les institutions autour font précisément l'inverse de ce qu'elles sont censées faire : alors même qu'elles devraient pérenniser des conditions accompagnant l'épanouissement des individus, elles destituent scrupuleusement les ressorts intimes d'une singularité. Quand un individu est réduit au statut d'objet et doit subir l'arbitraire le plus complet – à savoir celui de la violence décomplexée –, il ne peut que se vivre comme « indigné » (protestation) devenant « indigne » (perte de l'estime de soi). Du moins est-ce la thèse des approches décoloniales et de l'intersectionnalité. Ce qui est important dans cette thèse n'est pas l'apparente contradiction avec la notion d'universel mais, à l'inverse, la manière dont une pensée sur l'universel, et notamment sur l'un de ses concepts clés – la dignité –, doit prendre appui sur l'approche décoloniale pour se consolider pleinement et ne pas falsifier une telle notion. Si l'on veut comprendre et définir une approche de la dignité, il faut avoir vécu ou saisi pleinement le point de vue de l'indigne, pour ne pas se leurrer par des approches trop peu aguerries aux effractions du réel.

Les écrits de James Baldwin[1] sont traversés par la narrativité de l'indigne. Théoriser l'indignité, c'est indissociablement la raconter, la décrire de façon directe et sensible, et l'analyser. « Écrire la vie indigne[2] » est essentiel pour formaliser une pensée de la dignité, à l'instar des éthiques narratives qui sont désormais indispensables à la constitution des sujets humains. Être humain, digne de cette humanité, passe par l'accès au récit[3], à la biographisation possible, à la reconnaissance de cette écriture, non seulement comme trace, mais aussi commencement d'une épistémologie. Ce dire-là, cet écrit-là, sera pris en compte pour penser les concepts communs. Or les premières formes d'indignité subies sont des invisibilisations, des dénis de présence, des délégitimations. Ce

---

1. James Baldwin, écrivain afro-américain, né à Harlem (1924), et mort en France (Saint-Paul-de-Vence, 1987), pays qu'il jugeait libéré des tensions raciales et homophobes. Épris d'universalité, le style de Baldwin est romanesque et politique, courageux et mélancolique, et n'a cessé d'accompagner les trajectoires plus militantes des grands défenseurs du mouvement des droits civiques aux États-Unis.
2. Norman Ajari, *La Dignité ou la mort. Éthique et politique de la race*, Paris, La Découverte, « Les Empêcheurs de penser en rond », 2019, p. 68-75.
3. Avant tout « pouvoir faire », il y a le « pouvoir dire » qui dessine une sorte de matrice capacitaire pour le sujet lui permettant d'éprouver une première forme de puissance, alors même qu'il est souvent malmené par la vie et pris dans les spirales de la vulnérabilité. Pouvoir dire et *se* dire est le premier chemin vers la subjectivation, à l'autonomie, au sens de Ricœur. L'identité narrative signe ce passage de l'identité (*idem*) à l'identité (*ipse*), celle qui se maintient malgré les épreuves, qui est traversée par elles, mais qui, par le récit, possède un pouvoir de configuration des espaces-temps qui l'environnent.

qui a été vécu, non seulement l'intensité du malheur, mais toute autre forme de subjectivation, est nié. Cela ne fait pas date, pas mémoire, pas commencement. Et Baldwin, comme tout grand écrivain, lorsqu'il prend la plume, s'évertue, déjà, par l'éthique narrative, à lutter contre l'indignité sociale vécue quotidiennement. Il restitue et son sujet et sa communauté d'appartenance, comme il restitue l'histoire de la civilisation. Il restaure l'universel commun. Nous n'avons rien à craindre, mais tout à espérer, des éthiques narratives de l'indignité tant elles réhabilitent, par le récit des malheurs et des hontes, la notion d'universel.

> Et si le mot intégration a le moindre sens c'est celui-ci : Nous, à force d'amour, obligerons nos frères à se voir tels qu'ils sont, à cesser de fuir la réalité et à commencer à la changer. Car tu es ici chez toi, mon ami, ne t'en laisse pas chasser. De grands hommes ont accompli ici de grandes choses et en accompliront encore, et nous pourrons faire de l'Amérique ce que l'Amérique doit devenir. Ce sera dur, James, mais tu es issu d'une race de paysans solides, d'hommes qui cueillaient le coton, barraient les fleuves, construisaient des chemins de fer et, alors que tout semblait les en défier, se sont acquis une dignité inattaquable, monumentale [4].

Cette dignité inattaquable, qui est celle de l'esclavage, est conjointement celle de la résistance et de la lutte pour la liberté. L'éthique narrative de Baldwin fait ici écho à celle, inaugurée quelques siècles plus tôt, en 1787, avec les *Réflexions sur la traite et l'esclavage des Nègres* d'Ottobah Cugoano [5]. Dans son commentaire du texte, Norman Ajari revient sur la figure archétypale et universelle de l'esclave, selon lui la « figure paradigmatique de l'indigne ». Sa thèse est simple : « La condition noire actuelle est définie par l'indigne. » Est-il possible de soutenir cette thèse tout en affirmant l'universalité de la position d'esclave, quelle que soit

---

4. James Baldwin, « *Et mon cachot trembla...* Lettre à mon neveu à l'occasion du centenaire de l'Émancipation », dans *La Prochaine fois, le feu* (1963), trad. de l'anglais par Michel Sciama, Paris, Gallimard, coll. « Folio », 2018, p. 32.
5. Ottobah Cugoano, *Réflexions sur la traite et l'esclavage des nègres*, Paris, La Découverte / Zones, 2009.

la couleur de cet esclave, et donc sans rien retrancher à la spécificité de la condition noire ? La réponse est oui. C'est la force d'un concept critique de l'universel : être animé par les tensions, les paradoxes, sans céder à la contradiction ni au relativisme. Pour preuve, le concept de « dignité noire » qui ne cède rien au particularisme des Noirs. La dignité noire est la dignité des Lumières passée au crible de ses propres présupposés, oublis, refoulés et réifications ; elle relève de la « tradition des opprimés », pour autant, elle ne s'assimile aucunement à la seule « dignité des Noirs[6] ». L'adjectif « noir » s'universalise pour évoquer les faces sombres et honteuses de l'Histoire, sa tendance au négationnisme, quasi structurelle, ou aux élaborations pauvres de l'universalité, élaborations qui ne sont pas assez dialectisées avec les effractions du réel humain, indignes et récurrentes, et discriminantes. L'éthique narrative fait surgir ce concept de « narrativité noire », essentiel pour cerner la violence des vies. Devenir écrivain signifie, sans doute, investir cette narrativité noire (*dark narrative*) pour raconter comment la « catastrophe » tombe toujours plus de ce côté-ci : du côté des femmes, des Noirs, des Juifs, des homosexuels, des musulmans, des migrants, des porteurs de handicap, toujours plus du côté de la norme de vie à laquelle n'est octroyé aucun statut légitime de norme de vie.

Car cette norme-là ne fait pas norme. Elle fait pathologie, écart, marge, distance, stigmate. Elle déclenche au mieux le mépris et la condescendance, au pire la violence ultime de la mise à mort. « La dignité noire est une dignité lacérée […]. Son introduction dans la réflexion philosophique répondait au besoin de repenser une éthique en faisant centralement droit aux conflits, aux inégalités et à la violence[7]. » Toute clinique de l'indignité est dès lors une clinique de la dignité noire, qui n'est pas sans faire écho aux travaux d'Elsa Dorlin lorsqu'elle évoque le concept de *dark care*[8].

---

6. Norman Ajari, *La Dignité ou la mort, op. cit.*, p. 299.
7. *Ibid.*
8. Le *dark care* dépasse bien sûr la question racialisée, même si elle en demeure une des interprétations possibles : « Mon hypothèse est que l'économie du soin, effectuée par certaines femmes, est la condition matérielle de l'éthique du *care*, incarnée par d'autres. Ce

L'éthique narrative de l'indignité

Dans cette clinique de la dignité, il est désormais impossible de ne pas convoquer prioritairement l'éthique narrative de l'indignité, autrement dit les récits, les vécus des esclaves, pas simplement victimes, bâillonnés, mais témoins, penseurs, résistants, faisant advenir la nouvelle ère, celle de l'émancipation pour tous. Est-ce à dire que reconnaître la valeur des savoirs expérientiels équivaut à produire un texte théorique ? Pas nécessairement. Mais les deux ne sont nullement exclusifs l'un de l'autre, comme l'écrit Ajari : « La dignité représentait en effet, pour les esclaves, un moteur invisible de la lutte, de la pensée et de l'écriture. Avant toute définition, avant toute conceptualisation de la dignité, c'est ainsi qu'elle agit pratiquement et produit ses effets. Les écrits d'esclaves sont la première manifestation imprimée de la revendication d'une dignité afro-descendante à l'ère moderne. […] De tels textes entrelacent méditation philosophique et témoignage [9]. »

De Cugoano à Baldwin et à Ajari, pour suivre ce fil-là parmi d'autres, une même conception de l'indignité s'écrit, celle de l'obligation incessante des stratégies de survie comme mode de vie ordinaire [10]. Mais l'obligation de la survie, lorsqu'elle passe l'épreuve

---

dispositif produit des tensions et des injonctions contradictoires relativement aux normes de genre, faisant de la féminité un enjeu politique de pouvoir qui marque une hiérarchisation entre les femmes elles-mêmes. Pour ce faire, je vais principalement me concentrer sur l'exemple des États-Unis, dans la mesure où nous disposons pour ce pays d'un nombre considérable d'études empiriques, et que la structure raciste de l'organisation sociale permet de saisir plus clairement l'imbrication des rapports de classe, de genre et de couleur ou de nationalité. » Elsa Dorlin, « *Dark care* : de la servitude à la sollicitude », dans Patricia Paperman et Sandra Laugier (dir.), *Le Souci des autres. Éthique et politique du* care, Paris, Éditions de l'EHESS, 2011, p. 117-127.
9. Norman Ajari, *La Dignité ou la mort, op. cit.*, p. 72.
10. « Ce que Baldwin a en partage avec les théoriciennes et praticiennes de l'intersectionnalité […], c'est le postulat que l'expérience vécue a force de raison : dans le rapport du sujet à la réalité sociale, c'est moins l'authenticité de l'expérience qui est en jeu que sa capacité à déjouer les entreprises systémiques d'assujettissement et de sujétion : celles-ci sont souvent synonymes d'anéantissement personnel et de mort sociale, que le corps social sédimente par le démenti, la dénégation, le déni, l'invisibilisation. Il faut y survivre pour exister, exister pour transformer. En surplomb, la sur-vie ancre le vécu et l'oriente », dans Myriam Boussahba, Emmanuelle Delanoë, Sandeep Bakshi, *Qu'est-ce que l'intersectionnalité ? Dominations plurielles : sexe, classe et race*, Paris, Petite Bibliothèque Payot, coll. « Essais », 2021, p. 39. Cette approche « capacitaire » de la vulnérabilité est défendue à la chaire de Philosophie du

de l'éthique narrative – et qui sait même lorsqu'elle demeure en deçà, mais il est alors plus difficile d'en rendre compte, car sonder les âmes demande plus de subtilité encore que sonder les écrits, soit les formes extériorisées de ces âmes –, ne peut plus se réduire à un constat victimaire dont l'universel ne saurait que faire. Celui qui survit acquiert un niveau tel de connaissance qu'il devient le dépositaire d'une sagesse qui ne dit pas son nom, et que nos philosophies modernes n'ont pas su reconnaître à sa juste mesure. Comme l'écrit Baldwin :

> Celui-là qui, chaque jour, est obligé d'arracher par fragments sa personnalité, son individualité, aux flammes dévorantes de la cruauté humaine sait, s'il survit à cette épreuve, et même s'il n'y survit pas, quelque chose quant à lui-même et quant à la vie, qu'aucune école sur terre et qu'aucune église non plus ne saurait enseigner. L'autorité qu'il acquiert il ne la doit qu'à lui-même et celle-là est inébranlable. Et cela parce que s'il veut subsister il lui faut voir au-delà des apparences, ne rien considérer comme acquis, deviner le sens derrière les mots. Quelqu'un qui continuellement survit à ce que la vie peut apporter de pire cesse éventuellement d'être dominé par la peur de ce que la vie peut apporter[11].

Il y a une dignité totale de la survie, même si personne ne peut souhaiter l'ériger en système, ce qui s'assimilerait à une perversion. Néanmoins, cette clinique de l'indignité fondée sur la

---

GHU Paris Psychiatrie et Neurosciences, comme à la chaire Compétences et Vulnérabilités de Sorbonne-Université, ou encore à l'Université des patients. L'indignité, l'hypervulnérabilité du traumatisme, ne sont pas uniquement des situations malheureuses, validant l'authentique de l'homme et de son inhumanité. Ce sont, *de facto*, des milieux d'hypercontrainte, donc des lieux générateurs de conceptions et d'usages nouveaux, comme de production d'aptitudes et de compétences nouvelles. Ces cliniques du vulnérable sont pourvoyeuses d'apprentissages et de méthodes de conception, comme d'expérimentations de protocoles inédits. Encore une fois, il ne s'agit pas d'imposer une injonction au capacitaire, reniant la vulnérabilité, ni d'essentialiser le vulnérable comme étant le seul lieu de production de conception digne de ce nom. En revanche, convoquer les outils des humanités médicales (éthique narrative, approche capacitaire de la vulnérabilité, savoir expérientiel, etc.) nous permet d'élaborer une clinique de la dignité précisément apte à déjouer demain les nouveaux pièges de la réification et de la stigmatisation du vulnérable, en le faisant basculer du côté du capacitaire, du juste diagnostic, de l'innovation conceptuelle et expérientielle.
11. James Baldwin, « *Au pied de la Croix*, Lettre d'une région de mon esprit », dans James Baldwin, *La Prochaine Fois, le feu, op. cit.*, p. 129.

survie, et l'obligation d'asservissement à la violence (indissociablement liée à celle de « résistance à »), détient une dignité tristement archétypale pour l'humanité, un savoir des plus vrais sur la condition humaine. Ce savoir, aucune école ne saurait l'enseigner, alors même que l'enseignement en serait extraordinairement enrichi et universalisé. Qu'est-ce que le principe d'individuation sinon ce que Baldwin décrit lorsqu'il évoque cet arrachement par fragments aux flammes de la domination, de la cruauté ou de la violence humaine ? Le principe d'individuation n'est nullement soumis au succès de son entreprise. Certes, nul ne peut nier que la « réussite » est plus aisée à vivre pour le sujet lorsqu'il a l'impression de s'extraire des mécanismes de réification, et pas seulement d'investir la version symbolique du principe d'individuation, celui que chacun peut activer en soi, au même titre que l'irréductible dignité personnelle. Autrement dit, ce que la société définit comme indigne ne l'est jamais. La sublimation reste l'ultime rempart, politique, contre la domination. Elle préserve un îlot, certes intérieur, mais irréductible, résistant à la colonisation de l'être, comme l'a écrit si parfaitement Frantz Fanon. Pour autant, il ne suffit pas de reconnaître la vertu de la sublimation pour s'en satisfaire comme seule activité politique. La vertu de la sublimation est en effet matricielle pour orienter l'action politique, mais elle peut, et souvent doit, se poursuivre sur des terrains de matérialisation plus traditionnels : on passe dès lors de la dignité symbolique et inaltérable à la dignité juridique, ou encore aux conditions dignes de la vie économique et culturelle.

    C'est en prenant conscience de cette clinique de l'indignité, et en lui permettant d'élaborer un nouveau cadre normatif, qu'il est possible de restituer sa dignité à la dignité, ou de réhabiliter une conception universelle de la dignité. Dans *Chassés de la lumière*, Baldwin écrit magnifiquement dans son mouvement conclusif qu'*être* « un Afro-Américain ou un Noir américain, c'est se trouver dans la situation, poussée à l'extrême, de tous ceux qui ont fait partie d'une civilisation qu'ils ne pouvaient d'aucune façon défendre honorablement – qu'ils étaient contraints d'attaquer et de condamner sans cesse ; mais leurs paroles étaient inspirées par un profond amour pour ce royaume, par l'espoir de le régénérer, de lui rendre son honneur et sa dignité [12] ». Autrement dit, ce n'est nullement une entreprise de conquête de la mémoire, substituant à une domination un autre régime d'exclusivité. Vouloir rendre son honneur au royaume, entendez la civilisation américaine, mais plus généralement la civilisation occidentale, et plus généralement encore un mouvement déterminant de la modernité et des modes actuels de subjectivation de l'homme, nécessite d'expérimenter les « teintes [13] » de la dignité, de ressentir la fierté de la couleur retrouvée [14]. Ici recommence la Dignité. Ici recommence l'Universel, pourrait-on écrire en paraphrasant Eddie Glaude lorsqu'il intitule son ouvrage *Ici recommence l'Amérique* – cette Amérique qui d'une certaine manière n'a jamais existé, mais qui seule oriente les espoirs et les luttes pour la dignité de chacun.

La condition d'exilé : la dignité des dé-placés

Le recommencement-commencement n'est nullement une évidence. Prenons pour exemple le dialogue que nouent au début des années 1970 Margaret Mead, alors au faîte de sa gloire, et James Baldwin ; deux figures splendides de la dignité et de son universalité mais qui entretiennent un dialogue de sourds terrible, prouvant que les comportements civilisés ne sont pas toujours à la hauteur des enjeux de la pensée critique. Margaret Mead, grande anthropologue, reste imperméable à la pensée « déplacée » de Baldwin, éternellement nomade, exprimant et la spécificité de la condition noire et l'universalité de la position errante de l'homme. Ayant arpenté des milliers de kilomètres et écrit des milliers de pages sur cette civilisation qui est la sienne, mais qui se définit trop souvent

---
12. James Baldwin, *Chassés de la lumière. 1967-1971* (1972), trad. de l'anglais par Magali Berger, Paris, Ypsilon éditeur, 2015, p. 187.
13. Norman Ajari, *La Dignité ou la mort, op. cit.*, p. 289.
14. « Je suis Noir et j'en suis fier », écrit Baldwin (*Chassés de la lumière, op. cit.*, p. 185).

par un « même » qui ne l'accepte pas, Baldwin a plus que gagné ses galons d'appartenance à la dignité universelle ; et pourtant il continue de se vivre comme « exilé », et revendique le terme pour désigner tout être digne de ce nom, conscient de sa vulnérabilité :

> [...] je crois aussi que tout le monde est en exil, surtout en notre siècle de personnes déplacées, de gens errants. Le concept de nationalité tout entier devient désuet sous nos yeux, que cela plaise ou non. Désormais peu importe que vous soyez né en Allemagne ou en Suisse ou en France. Chacun a été chassé et traqué partout au monde. Nous sommes tous devenus des exilés [15].

Baldwin connaît la spécificité de sa condition – Noir, homosexuel, écrivain, issu des quartiers pauvres et racistes de l'Amérique. Mais cette spécificité n'a de sens que si elle oriente une conception plus universelle de l'homme et de la dignité humaine, une conception traversée par cette clinique de l'indignité qui prendrait comme point d'orgue le point de vue d'un vulnérable archétypal, à l'intersection des questions de « race », de genre et de classe sociale.

Entre l'anthropologue et l'écrivain, le dialogue montre l'amplitude, consciente, de l'écart entre une position de domination, – par défaut, car non revendiquée comme telle – et une position historique de « dominé ». Pour qualifier sa position, et d'une certaine manière le type de « dignité » dans laquelle elle se trouve, Mead en appelle à la notion de « souffrance », celle-là même dont elle ne peut décemment se réclamer.

> Je ne crois pas avoir le droit de revendiquer une souffrance quelconque car sympathie et compassion ne sont pas une souffrance réelle. On souffre vraiment quand on a le fer dans la chair. Même si on se soucie de ceux qui ont le fer dans la chair, on ne souffre pas, à moins qu'on ait ce fer dans sa propre chair. Je n'ai donc jamais souffert,

---

15. James Baldwin et Margaret Mead, *Le Racisme en question* (*A Rap on Race*, 1971), trad. de l'anglais par J.-B. Lippincott, préface de Roger Bastide, Paris, Calmann-Lévy, 1972, p. 102. Les enregistrements sonores de cette conversation sont disponibles sur Youtube, URL : https://www.youtube.com/watch?v=3WNO6f7rjE0.

dans le sens que nous avons donné au mot « souffrance » pendant notre conversation [16].

Autrement dit, ce sont ceux qui vivent la condition indigne en subissant la violence de la domination qui réifie, broie, nie – avec la brutalité et la violence d'un acier brûlant sur la chair – qui peuvent énoncer un discours sur la dignité, car ils ont éprouvé dans leur chair la négation même de celle-ci. D'autres discours peuvent certes accéder à ce dire-vrai, mais ils seront régulièrement accusés d'être purement théoriques, et soupçonnés, parfois à tort, parfois à raison, de ne pas avoir assez conscience des adversités, catastrophes et autres barbaries de ce monde. Ce dialogue est d'autant plus intéressant qu'il est profondément déceptif, au sens où Mead n'entend pas ce que Baldwin dit de la condition humaine, et pas seulement de la condition noire, comme elle ne parvient pas vraiment à penser l'effet structurel de sa couleur de peau : « Le fait d'être blanche ne m'a jamais ni meurtrie ni particulièrement avantagée [17]. »

Jusqu'à ce jour encore, quantité d'individus sont « dominants » par défaut, pendant que d'autres sont « dominés » par défaut. Et Mead semble passer littéralement à côté de ce fait structurel, certes historique, mais toujours actuel. De même, elle passe à côté de l'invitation à penser une forme d'universalité autre, qui s'appuierait sur la clinique de l'indignité et de la vulnérabilité pour élaborer une philosophie de l'exil, seule apte à dire l'humanité.

Baldwin est un « exilé » parce qu'il est « noir », mais il est un exilé parce qu'il est humain, tout simplement. Le dialogue qui suit mérite d'être intégralement cité, tant il est symptomatique des errances infinies qui définissent certains êtres humains alors même que d'autres semblent ne jamais se sentir concernés par celles-ci :

---

16. *Ibid.*, p. 280-281.
17. *Ibid.*, p. 282.

> Baldwin : Oui mais, vous voyez, *il y a un domaine dans lequel nous sommes tous deux exilés.* Vous avez dit que vous ne l'êtes pas, mais vous l'êtes en raison de ce que vous savez.
> Mead : Je suis quoi ?
> Baldwin : Une exilée.
> Mead : Ah non ! Pas du tout.
> Baldwin : Hors du courant dominant de ce pays, donc exilée.
> Mead : Non, je ne suis absolument pas exilée. Je vis ici, je vis à Samoa, je vis en Nouvelle-Guinée, je vis partout où je suis allée sur cette planète et je ne suis exilée nulle part.
> Baldwin : Disons plutôt que vous refusez la situation d'exilée.
> Mead : Je refuse quoi ?
> Baldwin : Vous refusez d'admettre la condition d'exilée.
> Mead : Non. Vraiment, dire cela me paraît sans intérêt. Je ne suis pas exilée. J'accepte la condition humaine au stade actuel, la condition de l'homme là où je vis. Et j'accepte la plus grande responsabilité pour cela, mais je ne suis pas exilée. Je suis chez moi.
> Baldwin : Je ne peux en dire autant.
> Mead : Non, vous ne le pouvez pas. Voilà l'une des différences les plus spectaculaires entre nous.
> Baldwin : Je ne suis pas chez moi, je ne suis pas chez moi[18].

Cette phrase, « Je ne suis pas chez moi », dit non seulement la vérité première de Baldwin, qui ne se sent pas chez lui parce que noir et rejeté, mais elle énonce aussi une vérité seconde, plus primordiale, à savoir qu'il ne se sent pas « chez lui », en dehors même du fait qu'il est noir. En tant qu'humain, il est étranger au monde tel qu'il est, et qui sait, peut-être est-ce la condition humaine de se sentir exilé à tout jamais. Mais alors que Baldwin réhabilite l'universel en témoignant d'une conception de la dignité humaine apte à supporter l'adversité de l'exil, réel et symbolique, Mead ne saisit pas la portée conceptuelle d'un tel acte. Cette clinique de l'exil ne fait strictement aucun sens pour Mead, qui se sent *chez elle*.

---

18. *Ibid.*, p. 282-283.

La tension avec l'irréconciliable

La suite du dialogue demeure ambivalente et traduit bien la dialectique entre universel et particulier, entre universalité et diversité : Baldwin maintient qu'il est en exil, ici et demain, qu'il n'a pas de futur, qu'il n'a *aucun chez-lui* ni ici ni ailleurs sur cette Terre ; et l'on ne sait plus, à le lire, s'il parle en tant qu'humain ou individu noir, précisément parce que les deux ne peuvent plus être dissociés et que toute pensée universelle viable doit contenir cette tension avec l'hypervulnérable, soit tout ce qui résiste à la norme majoritaire.

Si l'on continue d'arpenter ce terrain de l'indécision ou de l'indivisibilité depuis ce point de vue, il faut comprendre que toute conception de la dignité humaine n'est légitime qu'à la condition de mettre à nu la clinique de l'indignité subie. Reste une question clé : jusqu'où l'irréconciliation comme mode relationnel privilégié est-elle pertinente dans la sphère publique ? Doit-on considérer qu'elle oriente tout rapport inter-« communautaire », quels que soient les contours de communauté ? Si toute tension avec l'irréconciliable traduit la vérité de celle avec le non-négociable, autrement dit, si toute conception de la dignité humaine doit faire la guerre à l'indigne subi, et refuser toute réconciliation avec ce dernier, l'horizon de la réconciliation n'en reste pas moins une quête légitime.

La thèse est difficile à exposer clairement : il est aisé de voir en Baldwin le seul chantre de la condition noire, surtout lorsqu'on lit les lignes suivantes, qui viennent entériner le meurtre comme « fait » américain :

> Baldwin : Je ne me soucie vraiment plus guère des Américains. S'ils ne savent pas encore qu'ils existent, ça les regarde. Si vous considérez les choses de mon point de vue, ne fût-ce qu'un instant, vous verrez que je ne peux pas me permettre de me tracasser au sujet... si brutal que ça puisse paraître...
> Mead : Au sujet de quoi ?
> Baldwin : De mes assassins, parce que ce pays... mes compatriotes sont mes assassins et cela ne dépend pas de mon point de vue ni du fait que je sois ou ne sois pas un névrosé.

> Mead : Vraiment ?
> Baldwin : Vraiment ! parce que c'est un fait. Ils ont massacré presque tous mes amis et menacent tous ceux qui subsistent [19].

Si la réconciliation est impossible avec « ceux » qui sont désignés comme meurtriers, *murderers* (autrement dit, tous les individus – indépendamment de leurs nationalités – qui cherchent délibérément à conserver l'ordre dominant qui « perpétue » les régimes d'indignité infligés aux « autres »), historiquement et par principe, il n'en demeure pas moins que la réconciliation s'appuie sur la non-essentialisation des individus et de leurs crimes et qu'elle devient dès lors le véritable horizon politique, comme une réconciliation qui trouve sa dignité dans la mémoire de l'irréconciliable – notion qui fait écho à l'impardonnable de Jankélévitch.

Toute clinique de la dignité se pose donc nécessairement comme *dire vrai sur le fait du meurtre* – et c'est tout le talent de Baldwin d'avoir fait de cette parole un récit susceptible d'inspirer quantité d'artistes et d'individus, toutes disciplines confondues, pour qu'ils enclenchent, avec son compagnonnage, une réflexion sur l'universelle dignité à partir du point de vue de ce qui est rejeté dans et par la société à un instant *t*. Le fait du meurtre concerne ici les « Noirs », et au-delà tous ceux définis par ce terme inqualifiable de « minorités ethniques » ; c'est le caractère « ordinaire » de ce fait que dénonce Baldwin, et qui valide la nécessité de l'approche décoloniale pour penser une clinique de la dignité. Ce caractère « ordinaire » du meurtre existera peut-être toujours, non parce qu'il est ontologiquement irréductible, du moins personne ne peut-il réellement l'affirmer, mais parce qu'il est de façon probabiliste encore le fait le plus certain dans un monde si globalement peu éduqué sur le plan éthique. Le lecteur de Baldwin pourrait être tenté de réduire sa pensée à un discours sur la condition noire, alors même qu'en étant noir, il dit d'emblée quelque chose de l'humain. Lire Baldwin permet à chacun d'accéder à la

---

19. *Ibid.*, p. 285-286.

vérité de la condition noire, une condition qui révèle l'ampleur et la douleur de la condition humaine, le « fait » qu'être humain oblige à traverser les mécanismes socioculturels de maintien dans la vulnérabilité.

Si les philosophies du soin (*care*) ont été considérablement reprises dans la philosophie morale ces dernières décennies, c'est parce qu'elles témoignent plus justement de la réalité du monde, de sa complexité, de son universalité, au sens où celle-ci refuserait d'être le faux nez de la norme majoritaire. Les philosophies ou éthiques du *care* sont des phénoménologies du politique, au sens où elles donnent à voir ce que les sociétés rendent invisibles pour satisfaire telle ou telle idéologie, tel ou tel rapport de force et de pouvoir entre les individus. Elles montrent que l'homme est souvent, voire toujours, l'exilé de cette terre-là, « sociétale ». Au demeurant, Baldwin formulera cette autre remarque à l'intention de Mead : « Ma patrie, c'est celle-ci. Et je l'accuse d'être non seulement en train de m'assassiner mais aussi de vous assassiner[20]. »

La clinique de l'indignité montre bien en effet que les victimes de l'indignité sont universelles, car personne n'échappe à l'amplitude de l'indignité : de façon barbare et très extériorisée pour tous ceux qui portent tel ou tel stigmate de vulnérabilités non essentielles ; de façon déguisée, invisible, pour tous ceux qui revendiquent une conception de la dignité humaine inapte à affronter ses manquements. Certes, la situation semble matériellement plus aisée pour cette deuxième catégorie d'individus – ce qui peut renforcer leur mauvaise foi, voire leur déni –, mais personne n'est dupe devant le peu de valeur de leur théorisation du digne, et ils sont donc ainsi lésés à leur tour. L'enjeu, si ardu soit-il, est d'articuler jusqu'à la tension maximale les approches décoloniales et la possibilité d'un universel, sans essentialiser ni les notions d'irréconciliation ni celles de réconciliation. En dialectisant davantage la clinique de la dignité avec celle de l'indignité, on voit comment ce qui pourrait se définir comme l'en-deçà de la « réconciliation »

---

20. *Ibid.*, p. 287.

varie avec le temps historique et les luttes politiques et culturelles pour obtenir des conditions « réelles » de la vie digne.

Si la clinique de l'indigne est déterminante pour signifier ce que pourrait être une clinique de la dignité, ce n'est pas parce qu'elle désigne des situations exceptionnelles d'indignité, mais, à l'inverse, parce qu'elle montre comment l'*indigne fait ordinaire* devient la condition de vie, non négociable, vécue de façon quotidienne, évidente, des individus. Et notre modernité accumule les mécanismes de production de l'indigne ordinaire, dans les institutions de toutes sortes (administrative, scolaire, culturelle, policière, etc.), dans le monde du travail, dans l'espace public, etc. Elle les accumule d'autant plus qu'elle ne relie pas les cliniques de la dignité et de l'indignité, mais les oppose strictement, alors même qu'elles sont – et c'est l'un des apports essentiels de la pensée décoloniale comme de toute sociologie critique – irrémédiablement liées : c'est parce que les présupposés de la dignité ne sont pas assez interrogés que l'indignité prolifère tout en se rendant invisible.

Chapitre 3
LA CLINIQUE DU « SALE »

Nulle notion n'échappe à son instrumentalisation, ni à son ambivalence substantielle : le *care*, le « prendre soin », n'y échappe pas non plus. Derrière son évidente bienveillance, il engage des rapports de force sombres, voire inavouables : il n'est pas question ici de dénoncer le vernis communicationnel de cette notion, qui cherche à la montrer meilleure qu'elle n'est, mais des ambiguïtés de sa structuration interne, de la façon dont le *care* déporte sur « autrui » une charge qu'il dit pourtant assumer. Les *gender studies* ont particulièrement mis en lumière ces processus d'hypervulnérabilisation des pourvoyeurs du *care*, qui rendent quasi indissociables le *care* des uns et le *dirty care* des autres. Il n'y a pas que la propagande, la mauvaise foi ou le mensonge pour dire la face obscure du *care*. La colonisation s'est toujours présentée comme portant le « fardeau de l'homme blanc » : ainsi se serait-il agi d'aider, de sauver, d'accompagner tous ceux qu'elle jugeait inaptes, trop vulnérables par rapport à la norme définie par ses soins. Ce « prendre soin », non consenti, a créé des dettes infinies pour les populations autochtones. Dans les véritables éthiques du *care*, qui s'appuient sur le consentement éclairé des individus, il peut exister encore et toujours une forme de paternalisme, et derrière l'« aide » une forme de mise sous tutelle et de mise sous dépendance terriblement inégalitaire.

La dépendance est un fait que personne ne peut nier. Il n'y a pas d'un côté ceux qui sont autonomes et de l'autre ceux qui seraient dépendants. Il n'y a que des dépendants, des interdépendants, mais ces dépendances – au lieu de nous inscrire dans des circuits de réciprocité – nous classifient de façon binaire et erronée comme étant exclusives les unes des autres. Or qu'est-ce que l'autonomie, sinon la possibilité pour chacun de rendre réversibles les vulnérabilités qui sont les siennes, et de rendre réciproques, dans une dynamique du moindre mal, les dépendances dans lesquelles il s'insère ? Toute conception de la dignité est nécessairement une conception relationnelle, au sens où il n'y a pas de dignité possible sans immédiatement supposer un certain type de relations avec autrui, à savoir des relations dignes. Penser la question de la dignité hors du paradigme relationnel se révèle vite improductif si l'on veut dépasser le statut symbolique de celle-ci et l'investir de façon plus matérielle.

Certes, *in abstracto*, nous pouvons imaginer un sujet autarcique, une sorte d'atome isolé, mais cette fiction est une erreur conceptuelle. Est-ce une fiction régulatrice pour la vie éthique et politique ? La réponse est ambivalente, car sans une telle fiction, il est difficile de poser la responsabilité du sujet comme ligne de mire de la philosophie morale ; mais il est également dommageable de s'en satisfaire, car cela inviterait à ne pas interroger assez les déterminismes qui sont les nôtres et la réalité ontologique et sociale de notre interdépendance. « Sur le modèle du don empoisonné, l'asymétrie entre donateur et donataire peut en effet basculer en relation de domination. Domine alors celui qui "donne en grand" face à celui qui se voit rabaissé, écrasé au rang de pur receveur. La domination peut être ainsi reformulée, en clé de don : "donner pour que l'autre ne puisse rendre"[1] », écrit Philippe Chanial. Le *care* serait ici une technique de soumission

---

1. Philippe Chanial, « Don et *care* : une famille (politique) à recomposer ? », *Revue du MAUSS*, vol. 39, 2012/1, p. 67-88. Dans une note de bas page (n° 22, p. 81 de l'article cité) faisant référence aux travaux de Julien Rémy sur les jeunes issus de l'immigration et les enjeux du postcolonialisme, Chanial commente : « Dans une veine clastrienne, il [Julien Rémy] propose de définir la domination comme "l'établissement par les dominants d'une dette dont les dominés ne peuvent s'acquitter". Elle conduit les premiers à occuper la place de "créditeurs permanents" et assigne les seconds au rang de débiteurs permanents. » Puis Chanial cite Joan Tronto pour qui « le colonialisme était un discours de *care*. Les colonisateurs n'étaient pas persuadés qu'ils étaient en train d'exploiter les peuples colonisés, mais qu'ils avaient assumé le "fardeau de l'homme blanc" et qu'ils leur apportaient la civilisation et la chrétienté », voir « *Care* démocratique et démocraties du *care* », dans Pascale Molinier, Sandra Laugier, Patricia Paperman (dir.), *Qu'est-ce que le care ? Souci des autres, sensibilité, responsabilité*, Paris, Payot, 2009, p. 39-40.

de l'autre sujet dit vulnérable, qui dévitaliserait sa puissance de résistance en la délégitimant, puisqu'il s'agit d'une aide et non d'une oppression.

Aux confins du *dark* et du *dirty care* : une clinique au combat

Est-ce à dire que toute aide est perverse et s'insère dans un rapport de force non déclaré comme tel ? La réponse demande de la nuance, les travaux de Marcel Mauss ayant démontré depuis longtemps que les éthiques du don et du contre-don sont des logiques contractuelles d'un type particulier, celui des pénates, de la dette et de l'hospitalité, de la tradition et de l'oralité, de l'informel et de la proximité. Comme la clinique de la dignité est indissociable de celle de l'indignité, l'éthique du *care* porte en son sein sa falsification possible, à savoir le *dark care* et le *dirty care*. Telle est une première définition possible du *dark care* : la relation de pouvoir à laquelle l'éthique du care conduit, sous couvert d'émancipation ou d'altruisme. Mais il peut signifier également ces lieux de marginalité qui combinent l'accueil de ceux définis comme « anormaux » (au sens foucaldien du terme, ne respectant pas les critères sociaux de normalité) et des pratiques spécifiques, jugées illégales, stigmatisantes, à un instant *t* de l'histoire. Dès lors, des lieux comme des parcs, à la tombée de la nuit, peuvent être soudainement traversés par d'autres types de populations que celles de la journée, pour donner libre cours à un certain type d'activités rejetées par la société mais indissociables du bien-être de ceux qui les fréquentent alors : on peut penser à la consommation de substances ou de relations sexuelles, que celles-ci soient jugées licites ou illicites. Avec cette définition, le *care* se fait plus transgressif qu'il n'y paraît, en revêtant une dimension moins conventionnelle que celle élaborée par les éthiques du *care* traditionnelles. Ici se dessine une clinique de l'obscurité, des marges, mais aussi de la nuit, de ce qui est rejeté des sphères diurnes, ce « sale » qui flirte avec la sexualité (« faire des saletés »), ce sale pourtant définitivement « propre » à toute personne qui ne peut définir son sujet sans revendiquer une conscience libre et un choix d'engagement libidinal tout aussi libre. Dès lors, dans les méandres de ce *dark care*, il y a les contradictions de la « bien-pensance », ses insuffisances, sa mise en danger d'autrui, au nom d'une « défense » de la morale conventionnelle.

Mais, au quotidien, nul besoin d'en appeler au *dark care* pour déconstruire l'idée de *care* : l'âpre réalité et matérialité du *dirty care* suffisent car elles sont l'autre nom du *care* : soigner se résume encore trop souvent à assumer le « sale boulot », le *dirty work* (Joan Tronto, Pascale Molinier, Everett Hughes), précisément tout ce qui est jugé « indigne » par la société mandataire du *care*, au sens institutionnel et principiel du terme – c'est-à-dire la société qui élabore, par surplomb, des procédures, des protocoles, ou toute autre politique publique – et qui n'est certainement pas une société « pourvoyeuse » de ce care, comme le sont, au sens matériel et ordinaire, les vies dédiées à cette charge. Ce *dirty work* n'est nullement indigne, mais chacun s'en éloigne pour le faire porter par d'autres, comme s'il était indigne de lui. Le *dirty work* est dévalorisé socialement, mais personne ne songerait à dire qu'il est indigne en tant que tel ; il n'est indigne que pour « moi ». Joan Tronto a parfaitement classifié les travaux du *care*, en montrant comment l'aigu et l'urgence étaient valorisés et souvent masculins, tandis que l'ordinaire, le peu qualifié techniquement parlant, était féminin, et lié à la diversité. Le *dirty care* ne se réduit pas au seul *dirty work*.

Les travaux d'Elsa Dorlin s'appuient sur la conceptualisation d'un *dirty care* pour, au contraire, le politiser encore davantage, dans le sillage de Tronto ; ils prennent également en considération les apports de l'intersectionnalité. Elsa Dorlin réinsère le *care* dans une sociologie de la violence et de l'indignité. Le soin des uns n'advient que parce que d'autres endurent une violence sur leurs corps. S'occuper d'autrui – et surtout s'il est un majeur vulnérable et dépendant – coûte physiquement,

peuvent rester fermées au chercheur, elles s'ouvrent pour le technicien de surface qui vient passer la lessiveuse. Autrement dit, celui qui endosse la charge de « sale boulot » est aux premières loges pour investiguer, de façon anthropologique et étiologique, une situation et ses acteurs. Assumer le sale boulot permet de revêtir une cape de furtivité, de devenir instantanément « invisible ». Le *dirty work* demeure toujours une porte d'entrée pour la clinique de la dignité.

Les travaux d'ethnologie d'Agnès Jeanjean – consacrés au « management des résidus » ou aux formes de vie et d'entretien dans les égouts –, comme ceux d'Adeline Ferreira ou de Baptiste Monsaingeon – qui se demandent comment prendre soin de ce qui est toujours sale, voire toxique, et comment rester en bonne santé dans des lieux empoisonnés –, dépeignent un univers où les identités humaines ne sont plus irréductibles, mais sont devenues totalement poreuses à leur milieu : « Les égoutiers, écrit Jeanjean, ont pour mission de faire disparaître nos déchets. Ils nettoient, curent, grattent, poussent, retirent, déblaient, arrachent, raclent, pompent et aspirent une matière qui est aux antipodes d'un minerai, ou d'une matière première noble, qui serait par la suite exploité. [...] les égoutiers disent : "c'est un mélange", "il y a de tout", "c'est de la merde", "on ne sait pas vraiment ce qui circule, on trouve de tout sous nos bottes"[5]. »

Dans son étude auprès des égoutiers de Paris, Ferreira prend soin d'entrer en dialogue avec les travaux de Jeanjean pour rappeler que s'occuper des égouts n'est précisément pas s'occuper des poubelles ; le prendre soin est important dans cette histoire, et il s'agit de ne pas confondre égouts et poubelles. Elle cite des propos d'égoutiers : « Les gens prennent les égouts pour une poubelle, pour une décharge publique ! Les pressings qui rejettent le trichlo, les hôpitaux qui balancent les produits toxiques... » Ou encore la disparition de la frontière entre extérieur et intérieur, qui fait sans

---

5. Agnès Jeanjean, *Basses œuvres. Une ethnologie du travail dans les égouts*, Paris, Éditions du Comité des travaux historiques et scientifiques (CTHS), coll. « Le Regard de l'ethnologue », n° 15, 2006, p. 69, citée par Adeline Ferreira dans « Travailler dans les égouts de Paris : de la peur de la contamination à la confrérie secrète », *Travailler*, vol. 24, 2010/2, p. 55-71 (ici p. 56).

doute le lit du sentiment d'indignité, lorsque précisément le sujet se sent effracté, violé, atteint dans son intégrité physique et psychique, lorsqu'il n'est plus en mesure d'être le garant de sa bonne santé, lorsqu'on l'empêche d'avoir le « souci de soi » : « On est dans les égouts et on a les égouts en nous », « L'humidité nous ronge les os », « J'suis pourri de l'intérieur », « J'suis naze quand je ressors, j'suis une merde, j'suis une épave… »[6].

Ce qui se dessine en creux dans les études ethnographiques de ces auteurs, même si ce n'est pas étudié à proprement parler, ce n'est pas seulement l'indignité des conditions de travail et la violence de ce travail qui consiste à s'occuper de ce qui est jugé comme indigne par les autres (les déchets), mais précisément le fait que l'on devient égoutier selon un long processus de la vie indigne, commencé bien en amont du travail lui-même, et qui aura ses conséquences sur ceux qui sont issus de cette lignée. Ce n'est pas spécifique à ce type de métiers, mais c'est néanmoins plus symptomatique : avant de s'occuper des déchets des autres, on s'insensibilise, on devient moins soucieux de son corps. Non qu'on devienne un déchet pour s'occuper des déchets, mais on insensibilise très certainement un type de rapport à son corps et à son esprit. Ainsi la dignité du corps et de l'esprit se déplace-t-elle pour se maintenir symboliquement – puis par la lutte politique en faveur de conditions meilleures de travail –, mais il arrive aussi qu'elle se taise, voire disparaisse.

La fonction clinique de l'intime : être garant d'un sentiment de dignité

L'individu convoque la notion de « dignité » lorsqu'il considère qu'une forme d'intériorité a été atteinte, qu'un irréductible, un inaccessible est en passe d'être mis à mal, lui aussi, et pas seulement une enveloppe extérieure. « Ma » dignité, c'est tout ce qu'il

---

6. Adeline Ferreira, « Travailler dans les égouts de Paris : de la peur de la contamination à la confrérie secrète », art. cité, p. 58 et p. 60.

me reste, penseront certains, comme il est parfois dit de l'honneur. Tous ceux qui sont au « contact » d'éléments toxiques sont nécessairement « intimement » en relation. Agressé par ces formes récurrentes de pénétrations de l'extérieur néfaste et dangereux, l'intérieur devient de plus en plus insalubre, de moins en moins conscient de l'impératif d'autoconservation et de protection contre les attaques corrosives. « On peut penser que les odeurs, en franchissant les limites corporelles, menacent les limites assurant démarcation et contenance, fragilisent les distinctions entre le soi et le non-soi et en ce sens rendent plus difficiles les mécanismes de mise à distance », écrit encore Adeline Ferreira[7]. Le déchet « contamine » non seulement physiquement, mais aussi psychiquement : « L'odeur, le contact et l'inhalation participent d'une certaine violation de l'intégrité corporelle ou du Moi-peau, pour le dire avec Didier Anzieu[8]. »

Autrement dit, l'atteinte à l'intimité physique n'est pas une atteinte corporelle lambda. L'atteinte à l'intimité fait vaciller le sujet dans son aptitude proprioceptive. Le sentiment de dignité est une manière de ressentir son corps, d'en prendre conscience et considération. D'une certaine manière, l'intime est le garant de la dignité, ou plutôt son garant « clinique ». C'est sans doute pour cette raison que les individus qui mettent à mal leur intimité, ou qui laissent la société le faire, ou qui croient librement livrer à l'extérieur leur intimité sans en subir les conséquences, parce qu'il y aurait consentement initial, se trompent terriblement, et ce à leurs dépens. La question n'est pas uniquement sociale : certes, livrer son corps au marché public sexuel peut être condamné par la morale de la société, et cela n'a finalement pas grand intérêt en termes de « valeurs », tant celles-ci fluctuent et trahissent souvent des idéaux non avouables, conservateurs et patriarcaux. Mais la vérité clinique de l'intime n'est nullement la vérité sociale. Ce qu'il y a à l'intérieur de nous ne s'assimile pas à ce qui est à l'extérieur. C'est là une vérité toute simple mais si

---

7. *Ibid.*, p. 60 (faisant référence au livre d'Agnès Jeanjean, p. 88).
8. *Ibid.* Ferreira s'appuie ici sur le travail de Dominique Lhuilier et de Didier Anzieu.

elle est régulièrement bafouée, le sujet finit par tomber malade, soit de façon psychique, en manifestant quantité de troubles, soit de manière physiologique en affectant la santé de ses organes.

 L'intime est fait pour rester protégé et, partant, pour protéger à son tour l'extérieur du corps ou les versions publiques de notre esprit, son urbanité par exemple. Il faut garder un territoire protégé en soi pour maintenir vivant le sentiment de dignité. L'intimité est une forme territorialisée de la dignité, elle en est l'ultime bastion. Autrement dit, tous ceux qui s'extraient de cette règle tacite, thérapeutique, tous ceux qui convoquent le consentement libre, la liberté, le choix de disposer comme ils l'entendent de leur intimité, s'exposent grandement car cette « intimité » n'est pas uniquement théorique. Elle n'est pas le seul « objet » de ma volonté. Elle porte en elle une vérité physiologique qui a des règles de fonctionnement propres, avec un agenda spécifique de protection de l'ensemble du système psychique et organique. Dire cela n'équivaut nullement à poser une règle « publique » de l'intime, comme si le sujet n'était pas apte à le protéger, et qu'il faille le mettre sous tutelle. Dire cela suppose simplement d'éduquer le sujet, de lui apprendre à prendre soin d'un fait qui le constitue et qu'il pourra bien sûr adapter à sa personnalité plus consciente, comme il le désire librement. L'intimité se protège et/ou se partage avec ceux qui respectent la dignité de celle-ci.

 Poser une clinique de la dignité a au moins le mérite de mettre en lumière ce phénomène critique de l'intimité à préserver et de l'intime à protéger, qu'il soit sexuel ou non. Il ne faut pas croire, au demeurant, que les lieux institutionnels du soin soient les meilleurs garants de cette protection de la vie intime des sujets. Le sociologue Erving Goffman a régulièrement évoqué les « profanations de la personnalité [9] », qui sont autant d'atteintes à l'intimité du patient. Mais il n'est pas besoin de se référer aux seuls hôpitaux psychiatriques des années 1960 pour dénoncer ces phénomènes d'effraction de l'intime. Heureusement, et si l'on se restreint au cas français, les enquêtes les

---

9. Erving Goffman, *Asiles. Études sur la condition sociale des malades mentaux* (1961), trad. de l'anglais par Liliane Lainé, présentation de Robert Castel, Paris, Éditions de Minuit, 1968.

plus récentes montrent une vraie prise en considération de cette question depuis la loi n° 2002-303 du 4 mars 2002 relative aux droits des malades et à la qualité du système de santé. À cette ironie près que des patients se plaignent de devoir remplir des questionnaires intitulés « Qualité des soins perçus par le patient – Indicateurs PROMs et PREMs », qu'ils jugent intrusifs et épuisants, alors même qu'un simple respect (de leur intimité) suffirait à leur satisfaction.

Le *dirty care* définit tout ce travail du soin qui affronte plusieurs difficultés : la dépendance grandissante, l'intimité de l'autre, le non-consentement aux soins, autrement dit tous ces points limites où le sujet est extrêmement vulnérable et provoque également, par identification, un sentiment de vulnérabilité et de honte chez celui censé porter le « soin ». S'occuper de l'intimité de l'autre alors qu'il est dépendant, sénile, non consentant, est régulièrement dénoncé par les aidants ou par les professionnels du soin, parce que jugé « répugnant », parfois « obscène ». Est-ce une fatalité ? Pas tout à fait, dans la mesure où, si ce soin était davantage mutualisé et ne reposait pas toujours sur les mêmes catégories socio-économiques, ethniques ou professionnelles, le « fardeau » serait mieux partagé, plus équitablement réparti, sollicitant un écosystème plus solidaire face au malaise généralisé. Une autre stratégie de *coping* [10], qui ne relève nullement de l'évitement (le dédain, l'indifférence), consiste précisément à renforcer le caractère humain de ces tâches (l'attention), en valorisant davantage la relation au sujet, par la conversation, le temps pris pour accomplir ces tâches, et surtout le temps « autre », pour développer avec le sujet une relation qualitative venant valoriser ce qui reste capacitaire chez ledit sujet. Comme l'écrit Anne Marché-Paillé, « c'est une clinique du toucher, de la présence sensible et c'est une clinique de la conversation, c'est-à-dire de l'adresse soutenue, d'une éthique du lien social. Le

---

10. Lazarus et Folkman définissent le *coping* comme « l'ensemble des efforts cognitifs et comportementaux destinés à maîtriser, réduire ou tolérer les exigences internes ou externes qui menacent ou dépassent les ressources d'un individu », dans R. S. Lazarus et S. Folkman, *Stress, Appraisal, and Coping*, New York, Springer, 1984, p. 141.

jeu rapprochement/distanciation qui s'y joue est autant de terrain gagné sur l'*étrangeté*, sur le registre organique du besoin, au profit de l'intégration à la communauté humaine. C'est, du même coup, un ressort extrêmement puissant pour déjouer le dégoût [11] ».

Certes, humaniser la relation avec celui que l'on juge trop vulnérable peut devenir un danger pour soi-même, au sens où l'atteinte à l'intégrité qu'il subit pourrait nous porter préjudice en retour. Humaniser représente un coût psychique non négligeable pour celui qui porte le soin. Mais cette « technique » reste néanmoins la meilleure des solutions lorsqu'on veut établir une clinique de la dignité opérationnelle. Elle est surtout déterminante pour le bien-être collectif des sociétés, notamment celles dont la population vieillit. Ces questions de la dépendance et de la déchéance sont de moins en moins individuelles, suite au fait démographique et à l'allongement des vies. Dès lors, apprendre à humaniser cette clinique de la dignité, et ce jusqu'à la question fatidique de la mort, est un enjeu politique et culturel « majoritaire », qui concerne à terme l'ensemble de la société, et non seulement ceux qui seraient stigmatisés comme vulnérables. Transformer ce *dirty care* en *care* est un des grands enjeux de la clinique de la dignité, et de ce que l'on pourrait nommer une politique de la dignité. Humaniser ce soin aux plus vulnérables, lui redonner sens et qualification, ne signifie pas refuser l'apport des nouvelles technologies, notamment robotiques : les robots peuvent demain être des auxiliaires de vie, dans des contextes de grande dépendance.

La « banalité » de l'indigne

Il y a le « sale boulot » qui conditionne la fabrique collective d'une dignité, au sens où un individu n'est autonome qu'à la *condition* d'orienter à son bénéfice le « jeu » des interdépendances

---

[11]. Anne Marché-Paillé. « Le dégoût dans le travail d'assistance aux soins personnels, s'en défendre mais pas trop », *Travailler*, vol. 24/2, p. 35-54 ; ici p. 44.

dans lequel il est inséré, de manière à faire reposer en partie son émancipation existentielle ou professionnelle sur un « sale boulot » porté par autrui ; et il y a le « sale boulot » qui fabrique l'indignité collective ou individuelle. Le premier dit quelque chose de la clinique ambivalente de la dignité, avec son rapport de sous-traitance avec l'indignité – puisqu'elle fait porter par autrui le fardeau de l'indigne –, sans totalement l'invalider, même si elle demeure grandement problématique et à améliorer ; l'enjeu est ici d'interroger les externalités négatives de cette clinique de la dignité, pour user d'une terminologie libérale sur un objet néanmoins totalement inassumé par le néolibéralisme. Mais le second, le « sale boulot » qui s'approche de la « banalité du mal » (Hannah Arendt) n'est pas du même ressort, puisqu'il empêche toute fabrication de la dignité. L'indigne qui produit de l'indigne, le *dirty work* au sens de boulot indigne pour tous, signe la faillite morale d'une société tout entière. Cette tâche est doublement indigne : elle consiste à augmenter délibérément la vulnérabilité d'autrui, voire à le tuer, et simultanément à produire un travail négationniste élaborant la disparition des traces de cette fabrique de l'indignité, notamment en diluant la responsabilité de chacun dans cette fabrication.

En prenant appui sur le texte d'Everett Hughes[12], Pascale Molinier, Lise Gaignard et Marie-Anne Dujarier rendent néanmoins plus poreuses qu'on ne pourrait le croire les fabriques de la dignité et de l'indignité dans leur manière de sous-traiter le « sale boulot »[13]. Mais, avec Hughes, c'est bien sûr l'indéfendable « banalité du mal » qui s'invite dans le débat : « Un ensemble de questions concerne les honnêtes gens qui n'ont pas eux-mêmes fait le travail. L'autre concerne ceux qui l'ont fait. Mais les deux ne sont pas vraiment séparés ; car la question cruciale à propos des honnêtes gens porte sur leur relation à ceux qui ont fait le sale

---

12. Everett C. Hughes. « Good People and Dirty Work », *Social Problems*, vol. 10, n° 1, 1962, p. 3-11, trad. de l'anglais par Valérie Aucouturier ; « Les honnêtes gens et le sale boulot », *Travailler*, vol. 24/2, p. 21-34).
13. Pascale Molinier, Lise Gaignard et Marie-Anne Dujarier, « Introduction au dossier », *Travailler*, *op. cit.*, p. 9-20.

boulot, et elle s'accompagne d'une question liée à la première : dans quelles circonstances ont-ils laissé les autres faire de telles actions [14] ? » Chacun peut voir que ces questions pourraient tout à fait être adressées à la « clinique de la dignité », quand le *dirty work* s'assimile au *dirty care*. Les auteurs cités montrent qu'en situation exceptionnelle ou ordinaire, les mécanismes inconscients des représentations mentales du groupe restent sensiblement les mêmes, avec des conséquences plus ou moins dommageables, voire terrifiantes. Les sociétés produisent généralement, par défaut d'éducation et d'entraînement, des normes morales assez basses, qui ont tendance, dans une situation de survie imposée à la collectivité, à s'effacer complètement. Mais il existe aussi des biais émotionnels et cognitifs, comme des phénomènes de refus, des dissonances cognitives, qui invitent les sujets à produire du déni, et pas uniquement à produire du refoulement. Il existe, rappelle Hughes, un « refus collectif de prendre acte des faits déplaisants » : à la fois par rejet du fardeau psychique et matériel que ces faits représentent, mais également parce qu'ils disqualifient l'image que nous avons de nous-même(s), qu'ils remettent en cause une représentation digne de soi-même. « Il est bien connu que les gens peuvent garder le silence et le font à propos de choses dont la discussion ouverte menacerait la conception que le groupe a de lui-même et donc sa solidarité. Ce mécanisme opère dans toutes les familles et dans tous les groupes réputés pour leur cohésion. Briser ce silence, c'est attaquer le groupe, une sorte de trahison si c'est un membre du groupe qui le fait. Ce silence partagé permet aux fictions de groupe de s'épanouir [15]. »

Autrement dit, la clinique de la dignité rappelle ce phénomène ambivalent selon lequel tout groupe qui veut rester « digne » s'organise tacitement pour refouler, voire oublier totalement, tout commerce avec l'indigne, alors même que celui-ci y est intrinsèquement lié lorsqu'il s'agit du *care*. Nos conceptions de la dignité

---

14. E.C. Hughes, « Les honnêtes gens et le sale boulot », art. cité, p. 24.
15. *Ibid.*, p. 26 (pour les pages des citations).

sont encore trop ignorantes à l'égard des circuits non réciproques qu'elles instaurent. Cela n'est pas le seul fait de la clinique de la dignité : nos communautés ne savent généralement pas produire une protection sans faire payer le prix fort à ceux qu'elles excluent. Il y a un point limite que nous ne pouvons en effet pas dépasser, car s'il y a communauté, c'est qu'il y a nécessairement une forme de frontière quelque part, un intérieur et un extérieur. Mais les concepts utilisés en médecine nous ont enseigné depuis longtemps qu'il faut établir des interactions plus vertueuses entre l'extérieur et l'intérieur, et non fantasmer des barrières infranchissables.

Communauté et immunité

Dans l'ouvrage collectif *La Société qui vient*, paru en 2022, Didier Fassin donne la parole à Robert Esposito pour qu'il explicite le glissement qu'il opère de la sphère médicale et biologique à celle du politique lorsqu'il articule les termes « immunité » et « communauté ».

> Si l'on prête attention à l'étymologie latine du terme *immunitas*, écrit Esposito, nous réalisons que celui-ci se présente comme l'envers de la *communitas* et qu'il n'est compréhensible qu'en rapport avec celle-ci. Les deux termes [...] dérivent du mot latin *munus*, qui signifie loi [...]. Vivre en commun suppose non seulement d'entrer en relation avec les autres, mais aussi de se sentir redevable envers eux. [...] Alors que les membres de la *communitas* se sentent liés par une obligation de soin réciproque, celui qui se déclare *immun* s'en sent exonéré, exempté [16].

Appliqué à la sphère démocratique, le système immunitaire représente une protection et une menace pour celle-ci. Les

---

16. Roberto Esposito, « Immunité commune », dans Didier Fassin (dir.), *La Société qui vient*, Paris, Seuil, 2022, p. 1073-1086.

systèmes immunitaires, symboliques et collectifs, tels que le droit, la forme-État, ou encore les systèmes métaphysiques et cognitifs, occupent une fonction défensive en préservant la société de conflits intolérables, en les régulant. En revanche, ils deviennent dangereux pour la communauté elle-même lorsqu'ils « enferment la vie [...] à l'intérieur d'une sphère qui en étouffe le développement ». Pour rester telle quelle, autrement dit vivable, la vie se doit d'incorporer un peu de ce « mal » qu'elle cherche à éviter, sachant que la définition de ce « mal » est sociohistorique. À défaut, c'est la maladie auto-immune, où le système immunitaire se trouve renforcé au point de se retourner contre le corps qu'il est censé défendre. Il faut alors trouver des immunosuppresseurs. Toute philosophie politique serait donc un équilibre à trouver entre communauté et immunité. Mais ce défi, déjà grand pour chaque pays, se complexifie avec la mondialisation. Robert Esposito définit ainsi le concept d'« immunité commune » ou de « co-immunité » pour expliquer comment communauté et immunité, opposées jadis, tendent désormais à converger, le monde étant de plus en plus contraint d'apporter une réponse commune aux enjeux qu'il traverse. Mais cela est-il seulement possible ? Comment, avec Esposito, lutter contre l'opposition entre d'un côté les « intouchables » (Suds) et de l'autre « les inviolables » (Occident), et dépasser une conception de l'immunisation des seconds qui suppose l'exclusion des premiers [17] ? De même, dans toute logique de production et de consommation, il y a la partie – indépassable, du moins intégralement – qui concerne les rejets desdites production et consommation. La prise en considération des déboires anthropocéniques que la Terre subit nous oblige à reconfigurer nos circuits de production et de consommation, à penser des économies circulaires et de recyclage, à produire de l'habitabilité de ce monde sans simultanément produire de l'inhabitable à ses environs. La société du XXIe siècle se définit par cet enjeu d'insertion des logiques de protection, de production, de consommation, d'habitabilité dans des circuits plus vertueux,

---

17. Cynthia Fleury, « Immunité et communauté », *L'Humanité*, 11 mars 2022.

donc plus réciproques entre les différentes parties prenantes. Si les éthiques du *care* ont un apport considérable pour les politiques publiques, c'est précisément parce qu'elles proposent un regard sans complaisance, clinique, sur les dysfonctionnements inhérents à nos mécanismes dits de « justice », et sur le versant obscur des différents grands principes qui les constituent – comme c'est le cas pour le principe de dignité.

Chapitre 4

LES PATHOLOGIES DE LA DIGNITÉ

Les travaux de Frantz Fanon sont essentiels pour articuler les différentes dimensions de la clinique de la dignité, et pour accompagner cette tentative de dépasser la dimension simplement « critique » de la clinique pour aller vers son caractère plus clinicien, au sens thérapeutique. Fanon est pourtant plus que conscient de la difficulté à soigner les troubles psychiques des individus, notamment lorsqu'ils ont subi une déflagration de leurs personnalités de façon institutionnelle parce que coloniale. Il montre parfaitement les dégâts irrémédiables et irréversibles d'une clinique de l'indignité, au sens où des institutions dites de « soin », mais coloniales, ne peuvent absolument pas soigner, étant indissociables du phénomène barbare et inhumain de la colonisation. Dès lors l'évocation d'une clinique de la dignité nous invite à nous attarder sur les conséquences cliniques de l'absence de reconnaissance de la dignité, mais plus encore sur les conséquences de la fabrication délibérée de conditions indignes, voire à imposer l'indignité comme seul mode de « subjectivation » (falsifiée) possible pour les sujets.

Des pathologies de la liberté à l'acte nécropolitique de « privation de dignité »

Fanon s'inscrit dans une tradition commune à la psychothérapie institutionnelle ou aux grands courants alternatifs (antipsychiatrie, psychiatrie communautaire et démocratique, etc.) critiques de la psychiatrie – qui se sont principalement développés des années 1940 aux années 1980 – et à la théorie critique de l'école de Francfort, qui mettent à nu les « pathologies de la liberté », même si celles-ci ne revêtent pas nécessairement la même signification.

La notion de « pathologies de la liberté » peut renvoyer à différents courants psychiatriques, de philosophie sociale, ou de sociologie critique. Chez Axel Honneth, les pathologies de la liberté sont à placer du côté de la « norme », soit, pour l'individu de type lambda confronté aux défis et aux injonctions contemporaines de la modernité, du côté de l'individualisme méthodologique, de l'autonomie. C'est une forme de vertige devant l'obligation d'autodétermination, l'épreuve du « vide intérieur » et de la « pauvreté en action ». Face à ce processus toujours plus profond d'« introspection infinie », d'authenticité, le sujet, alors même qu'il tombe malade s'il devient l'objet d'une réification sociale, peut préférer une autre forme de réification, en apparence plus douce : celle de se soumettre aux mécanismes de servitude pour éviter l'angoisse d'une liberté trop difficile à assumer. C'est ainsi qu'il se tournera vers l'autoritarisme, ou toute forme d'autorité traditionnelle qui lui donnera un sentiment plus conséquent de solidité, d'appui. En ce sens la pathologie de la liberté chez Axel Honneth[1] renvoie à la « souffrance liée au fait d'être indéterminé » chez Hegel.

En écho à cette pathologie de la liberté, située du côté de l'impossibilité à vivre une liberté individuelle sans manifestation de troubles psychiques, il y a la pathologie de la liberté éprouvée par le sujet dont l'écart avec la norme est plus grand : d'Henry Ey, reprenant Georges Canguilhem, à Raphaël Gaillard, la maladie mentale est définie comme pathologie de la liberté, autrement dit ce qui altère chez l'individu la possibilité d'un libre arbitre ou d'une relation non dévastatrice avec l'autodétermination. Ce qui fait dire à Gaillard – et qui n'est pas sans susciter la controverse – que « le paradoxe en psychiatrie, c'est qu'en privant de liberté, le psychiatre contribue à rendre sa liberté au patient. Il faut parfois en

---

1. Voir Axel Honneth, *Les Pathologies de la liberté. Une réactualisation de la philosophie du droit de Hegel* (2001), trad. de l'allemand et présenté par Franck Fischbach, Paris, La Découverte, 2008, p. 59-79.

passer par là pour gagner cette liberté compromise par la maladie. Le chemin de la guérison, ou plus modestement des soins, c'est cette quête de liberté[2] »... Enfin, il y a les traditions de l'antipsychiatrie (Ronald Laing, David Cooper) et de la psychothérapie institutionnelle (François Tosquelles, Jean Oury, Félix Guattari) ou celles de la psychothérapie communautaire (Franco Basaglia). Pour Basaglia, la « liberté est thérapeutique », et militer pour le « droit des fous » est indissociable d'une psychiatrie digne de ce nom : la folie est inhérente à l'homme, comme les temps renaissants nous l'ont enseigné. C'est au nom de cette dimension thérapeutique de la liberté pour tout homme que Basaglia a milité pour faire disparaître les hôpitaux psychiatriques ou au moins en réformer la gouvernance, défendre un autre rapport au vulnérable, considérer – comme les antipsychiatres – que la « folie » est d'abord une réponse, une réaction à l'impossible véhiculé dans la société[3].

L'expression « pathologies de la liberté » peut ainsi signifier au moins deux choses. D'une part, quand l'individu est privé de liberté, il produit des symptômes et des troubles psychopathologiques. D'autre part, la possibilité même d'une liberté peut être pour le sujet psychopathologiquement atteint une source d'anxiété renforcée, sa pathologie se définit alors comme une inaptitude à vivre la liberté, du moins telle qu'elle est définie par la société. En lisant les écrits de Fanon sur l'aliénation mentale, les deux sens sont certes entrelacés, mais il est indéniable que l'aliénation mentale des patients dont il a la charge est inséparable de l'aliénation sociale et coloniale qu'ils subissent. Dès lors, c'est tout autant une pathologie de la liberté qu'une pathologie de la dignité, au sens où privé de la reconnaissance que l'on se doit à soi-même, en étant le garant d'une certaine image de soi, on devient malade, jusqu'à éprouver des troubles psychopathologiques irréversibles. L'expérience récurrente de l'indignité provoque chez le sujet des troubles psychiatriques conséquents, notamment des

---

2. Raphaël Gaillard, *Un coup de hache dans la tête. Folie et créativité*, Paris, Grasset, 2022.
3. Voir Jean-Christophe Coffin, « Les deux 68 de la psychiatrie », *Revue d'histoire des sciences humaines*, n° 26, 2015, p. 115-134.

pathologies de la personnalité et du narcissisme, qui s'apparentent à des formes de clivages du moi, ou à des expériences de fragmentation de soi, pouvant se retourner physiquement contre le sujet lui-même ou contre les autres. La « privation d'être » imposée aux colonisés n'est pas uniquement une liberté empêchée, c'est une colonisation totale de l'être, de la personnalité. La description des cas cliniques témoigne de la dimension « nécropolitique » de l'indigne, comme posée par Foucault lorsqu'il définit le racisme, ou plus récemment comme par Achille Mbembe, et reprise par Norman Ajari : « Foucault définit le racisme comme le moyen d'introduire enfin, dans le domaine de la vie que le pouvoir a pris en charge, une coupure : la coupure entre ce qui doit vivre et ce qui doit mourir[4]. » Il faut entendre cette coupure « nécropolitique » au sens littéral du terme, notamment lorsqu'il s'agit de régimes colonisateurs dont la police s'abat cruellement sur les colonisés. « La forme-de-mort, comme l'envers de la vie quotidienne blanche et capitaliste, se caractérise par une accumulation d'impossibilités, de frustrations et d'interdits qui nécrosent l'existence et cause un effondrement de toute confiance dans le monde[5]. » Le premier acte est l'atteinte réitérée à la dignité de la personne, puis advient la mise en place institutionnelle de privation de dignité, en systématisant les conditions de dégradation des modes de vie des personnes.

Chez Fanon, le nécropolitique s'inaugure, dans la société coloniale blanche, avec les représentations sociales, culturelles, et fantasmatiques des Noirs. Déjà dans l'imaginaire, « le nègre a une fonction : celle de représenter les sentiments inférieurs, les mauvais penchants, le côté obscur de l'âme. Dans l'inconscient collectif de l'*Homo occidentalis*, le nègre, ou, si l'on préfère, la couleur noire, symbolise le mal, le péché, la misère, la mort, la guerre, la famine. Tous les oiseaux de proie sont noirs. En Martinique, pays européen

---

4. Michel Foucault, *« Il faut défendre la société ». Cours au Collège de France 1976*, Paris, Éditions de l'EHESS/Gallimard/Seuil, 1997, p. 227, cité par Norman Ajari, *La Dignité ou la mort, op. cit.*, p. 88.
5. Norman Ajari, *La Dignité ou la mort, op. cit.*, p. 29.

par son inconscient collectif, on dit quand un nègre "bleu" vous fait une visite : "Quel malheur amène-t-il ?"⁶ »

Ensuite, la dimension nécropolitique organise la vie de l'individu par des mises à mort réelles ou symboliques, quotidiennes, du moins qui s'imposent comme horizon plus que probable. Vivre, pour les colonisés, c'est avoir comme premier rapport au monde, une mise à mort possible ou, pour rester en vie, une mortification de soi-même. Il n'y a pas de choix entre la vie et la mort, il y a le choix entre la mort violente et la mort par l'usure et la dépersonnalisation, la mort à petit feu, le trouble psychiatrique étant l'un de ces petits feux. Devenir un mort-vivant, devenir fantomatique serait l'unique façon de résister psychiquement aux atteintes à la dignité de la personne : faire mourir cette personne en soi, se « constituer en objet mort ». La détermination analgésique d'un sujet demeure l'unique rempart contre la souffrance infligée, une forme de volonté qui le fait dangereusement flirter avec la dépersonnalisation et l'à rebours difficile vers la resubjectivation⁷.

Dans « Le "Syndrome nord-africain"⁸ », Fanon se fait clinicien de cette mort-dans-la-vie, notamment lorsqu'il prend en considération la parole du colonisé, qui parvient encore à dire cette mortification, même si celle-ci – au moment même où elle s'énonce – reste confuse et soupçonnable de mythomanie. « Je vais mourir, monsieur le docteur. [...] – Où as-tu mal ? – Partout, monsieur le docteur⁹. » Dans sa thèse III, Fanon cherche à élaborer

---

6. Frantz Fanon, *Peau noire, masques blancs* (1952), dans Frantz Fanon, *Œuvres*, Paris, La Découverte, 2011, p. 216. Le terme « nègre » est celui employé par Fanon, encore très (stéréo) typique des années 1950 et de leur idéologie raciste et stigmatisante. Il est délibérément énoncé pour dénoncer la culture occidentale de condescendance et de haine à l'égards des Noirs.
7. Matthieu Renault, « Vie et mort dans la pensée de Frantz Fanon », *Cahiers Sens public*, vol. 10, n° 2, 2009, p. 133-145.
8. Frantz Fanon, « Le "Syndrome nord-africain" », *Esprit*, février 1952, repris dans *Œuvres*, *op. cit.*, p. 691. Référence abondamment citée par Matthieu Renault, « Vie et mort dans la pensée de Frantz Fanon », art. cité, pour démontrer comment le colonialisme est une puissance-de-mort, rendant les vies invivables et posant la pétrification du sujet comme mode d'assujettissement, seule manière de rester en vie pour le colonisé, parce que atteint dans son intégrité psychique et physique, ne revendiquant plus la vie telle qu'elle doit être, ayant acté l'indignité de sa vie comme mode quotidien.
9. Frantz Fanon, « Le "Syndrome nord-africain" », art. cité, p. 692.

un diagnostic pas uniquement somatique, puisque les organes ne parviennent pas nécessairement à dire le mal, mais ce qu'il nomme un « diagnostic de situation », plus écosystémique. Autrement dit, dans quel jeu psychodynamique l'individu, subissant ces modes de dégradation, est-il inséré ? Et c'est en analysant ce « diagnostic de situation » qu'il élabore une « histoire de la vie » du patient, qui ne peut se dire qu'en termes d'« histoire de mort » : « 7. *Son évolution et l'histoire de sa vie* – il vaudrait mieux dire l'histoire de sa mort. Une mort quotidienne. Une mort dans le tram. Une mort à la consultation, une mort avec les prostituées, une mort au chantier, une mort au cinéma, une mort multiple dans les journaux, une mort dans la crainte de tous les honnêtes gens de sortir après minuit. Une mort, oui une MORT [10]. » Aucun sujet ne peut résister à une telle dynamique de mortification. Ce « diagnostic de situation » est une des formes de « narrativités noires » exposées au précédent chapitre. Au moins dans le dossier médical faire exister ce qui meurt, faire de l'obscur un récit et la véritable conscience du soin, son éternelle mauvaise conscience. Si la nécropolitique s'élabore dans les régimes coloniaux, elle ne disparaît pas avec eux ; elle perdure bien au-delà en sollicitant de nouveaux concepts.

La fabrique de l'invivable

Dès lors, il faut entendre la notion à un niveau plus générique, et qui ne concerne pas uniquement ceux qui sont considérés comme « subalternes », « indignes », parce que issus de telle ou telle origine. Plus la dimension nécropolitique enserre la vie des individus, plus elle rend « invivable » cette vie. Judith Butler et plus récemment Frédéric Worms ont développé ce point de l'insoutenable vie, posée comme condition ordinaire de l'homme déclassé, plus que précaire, déplacé, en situation permanente de survie et d'incertitude.

---

10. *Ibid.*, p. 700-701.

Le binôme vivable/invivable va-t-il devenir la nouvelle opposition dialectique pour départager les vies des individus, permettant de les inscrire ou non dans un régime de dignité et de droits[1] ? La conversation entre Judith Butler et Frédéric Worms fait de ce couple catégoriel leur point de butée. Comment qualifier l'invivable ? Comme une vie qui ne permet pas au sujet de s'énoncer comme tel, qui empêche la reconnaissance, qui est une destruction progressive et programmée de ses conditions de viabilité. L'invivable n'est pas strictement subjectif, il renvoie à une forme d'organisation objective, institutionnelle, sociétale, de « l'interruption des conditions vitales » (Worms). Butler corrobore : l'invivable inscrit l'existence d'un sujet « sous le signe de son effondrement constitutif ». Il s'agit bien d'une nécropolitique qui ne dit pas son nom, dans la mesure où il existe une fabrique sociétale des vies invivables, avec comme premier vécu imposé au sujet l'expérience d'un sentiment d'indignité et sa conséquence directe de mortification de la personnalité.

Cette tension du vivable et de l'invivable constitue la phénoménologie de nos vies. Les deux philosophes sont par ailleurs conscients de l'instrumentalisation de la notion de « résilience » par le vocabulaire néolibéral, lequel peut donner à entendre abusivement que les individus se doivent d'être « résurrectibles » indéfiniment, « alors même qu'en réalité certains types de cassures et de pertes sont proprement irréversibles, et accompagnent les personnes tout au long de leur vie, détruisant jusqu'à leur sentiment d'être vivantes ». Il est évident que la résilience ne peut être l'alibi d'un déni du traumatisme, irréductible. Et, malgré une apparente opposition concernant la conception du *care* chez Donald Winnicott, Butler et Worms s'entendent pour politiser le « soin », le dégenrer et en faire la grande affaire de la démocratie. « La raison pour laquelle le sujet doit être référé à l'intersubjectivité, écrit Butler, c'est que ma vie n'est pas vivable si la tienne ne l'est pas, et

---

[1] Judith Butler et Frédéric Worms, *Le Vivable et l'Invivable*, Paris, PUF, 2021. Voir également Cynthia Fleury, « Vivre l'invivable », *L'Humanité*, 11 juin 2021.

si un grand nombre d'autres vies ne le sont pas, car nous dépendons collectivement les uns des autres et des structures sociales pour notre vie commune. Le sujet que je suis dépend du soin que je reçois, non seulement pendant la prime enfance mais aussi à travers la vie tout entière, et ce soin doit être conçu moins comme une disposition maternelle que comme l'ensemble des mesures sociales et institutionnelles qui rendent une existence vivable [12]. »

Worms conclut sur les « scènes de vulnérabilité » qui demeurent des « scènes critiques d'un bout à l'autre de la vie », montrant précisément les limites du vivable. Les auteurs dessinent un horizon normatif cherchant à définir « une vie authentiquement vivable », expression qui fait écho à celles de Hans Jonas ou de Martha Nussbaum. On pourrait aussi paraphraser Winnicott et poser une « vie suffisamment bonne », ou « suffisamment digne » alors même qu'une vie nécrosée serait l'autre nom d'une « vie indigne » ou invivable.

Les damnés de la dignité : reconquérir sa dignité par la violence

Entre les premiers écrits de Fanon et son dernier opus, *Les Damnés de la terre*, entre son premier poste en tant que psychiatre et sa démission, il y a toute l'ambivalence qui le caractérise. Il est à la fois le défenseur de l'universalisme et de la lutte contre le ressentiment et la violence, et le militant, plus radical, attiré par l'hypothèse d'une sublimation possible de la violence par la seule violence, alors même qu'il a pu, en tant que clinicien, vérifier l'impossibilité de cette voie. Pour autant, et la préface de Jean-Paul Sartre aux *Damnés de la terre* validera cette interprétation-ci, il y a ce fantasme d'une violence qui permet et la restauration du sujet et celle de l'identité et de l'unité du peuple colonisé. La mort de l'autre, de celui que l'on hait, comme fonction cathartique de soi-même, comme fonction de liaison et de cohésion du collectif.

---

12. Judith Butler et Frédéric Worms (dir.), *Le Vivable et l'Invivable*, *op. cit.*, p. 40.

Reconquérir sa dignité par la violence est le fantasme posé par l'honneur perdu, l'hybris de l'orgueil, alors qu'il est clair qu'une nécropolitique d'un autre genre ne pourra nullement réparer sur le long terme les êtres l'ayant subie. Pour autant, tel est le rêve noir qui peut apparaître à la lecture de Fanon : faire périr la nécropolitique par la nécropolitique, parier sur la dignité de la violence, son pouvoir de purification. La splendide et stylistique formule de Fanon – « la violence désintoxique » – a l'apparence du vrai. Surtout, cette sentence semble la seule capable de faire face à la violence de la décompensation coloniale. Mais s'il est possible de sublimer une riposte ponctuelle, destinée à détruire l'ennemi, tous les cliniciens et spécialistes du stress post-traumatique savent parfaitement, *evidence-based medecine*[13] à l'appui, qu'un sujet, sain, ne résiste pas longtemps à la violence permanente, et sans autre but qu'elle-même. À terme, celle-ci se retourne également contre lui en l'intoxiquant. Le premier pas d'une clinique et d'une politique de la dignité se définit par la sublimation de la violence. Bien sûr, le combat contre le colonialisme n'est pas une violence désorientée, et en tant que praxis de résistance, il est résolument du côté de la vie. Toute la difficulté réside dans le fait de poser les frontières temporelles et spatiales de l'usage de la violence, frontières indissociables de ce qui sera défini comme « fin de la domination ». Pour les peuples, et pour les individus, il n'est jamais aisé de dire, après tant de soumission à l'indignité, où (re)commence enfin la dignité.

Les Damnés de la terre, explicite référence au statut des individus colonisés, auraient pu s'intituler, à lire Fanon, *Les Damnés de la dignité*, au sens où ce que perçoit le psychiatre démissionnaire du monde colonisé s'assimile explicitement à une clinique de l'indignité :

> Pour le peuple colonisé la valeur la plus essentielle, parce que la plus concrète, c'est d'abord la terre : la terre qui doit assurer le pain et, bien

---

13. Expression anglophone d'usage courant désignant la médecine fondée sur les preuves scientifiques.

sûr, la dignité. Mais cette dignité n'a rien à voir avec la dignité de la « personne humaine ». Cette personne humaine idéale, il n'en a jamais entendu parler. Ce que le colonisé a vu sur son sol, c'est qu'on pouvait impunément l'arrêter, le frapper, l'affamer ; et aucun professeur de morale jamais, aucun curé jamais n'est venu recevoir les coups à sa place ni partager son pain avec lui. Pour le colonisé, être moraliste c'est, très concrètement, faire taire la morgue du colon, briser sa violence étalée, en un mot l'expulser carrément du panorama [14].

Reconquérir la terre revient à reconquérir les conditions de matérialisation de la dignité, et donc la possibilité de retrouver le chemin d'une voie symbolique, nécessaire, parce que plus pérenne et susceptible d'aider le sujet à traverser, demain, de nouveaux traumatismes. La « terre », c'est l'autre nom du souverain pour le collectif, à la fois l'origine, d'où l'on vient, et la possibilité de se développer, d'avoir le droit de séjourner, de demeurer, en jouissant de ce fait de demeurer. La « terre » c'est la fécondité pour soi, le droit de perdurer, la possibilité d'une appartenance, et l'on voit ici comment toute clinique de la dignité suppose une clinique de la terre, de la prise en considération de cette terre, de son entretien comme mode de propriété. Le soin de la terre devient ici l'antichambre du soin de la dignité, puisque la terre symbolise ce qui permet de s'extraire de la survie. Pour Fanon, la dignité individuelle est le miroir de la souveraineté collective. Se vivre comme « digne » équivaut à se vivre comme souverain, responsable de sa vie, de son récit (bio-graphie).

De nos jours, ces revendications sont celles des « marches de la dignité », qui n'ont pas choisi de mettre en exergue la notion de liberté, comme si elle était trop abstraite, ou celle de l'égalité, qui pose davantage en creux la question de l'autre – être égal à qui, à quoi ? Quel item choisir lorsqu'on ne reconnaît plus l'ordre de l'autre, que la réconciliation et la reconnaissance sont jugées trop aliénantes ? Le terme de « dignité » charrie toujours un double sens : un sens individuel, qui renvoie à l'irréductible du sujet ; un

---

14. Frantz Fanon, *Les Damnés de la terre*, dans *Œuvres, op. cit.*, p. 458.

sens plus collectif qui renvoie au caractère souverain d'une entité collective dont se réclamerait ledit sujet. Être reconnu comme « digne », c'est être reconnu comme étant soi-même capable, habilité, à poser les critères de cette dignité.

Depuis la Déclaration universelle des droits de l'homme (1948), le concept de dignité est devenu un concept de droit positif[15], et à ce titre il est régulièrement convoqué, tant individuellement que collectivement, sachant que tout en étant différentes, les deux approches de la dignité sont dialectisées, l'absence de l'une portant atteinte, en partie ou totalement, à l'autre. Tel est le sens de la catégorie « crime contre l'humanité », qui stipule que les crimes contre l'humanité et l'esclavage portent atteinte à la dignité humaine dans son ensemble, et non uniquement à la dignité des personnes ayant subi cette barbarie. Ce lien dynamique et dialectique entre dignité de la personne humaine et dignité de l'humanité dans son ensemble est d'ailleurs le garant d'une universalité concrète, puisque aucun individu ne peut élaborer une conception de sa propre dignité sans prendre en considération la dignité de l'autre personne, et qu'une atteinte à la dignité de l'autre vient immédiatement invalider la sienne. Dès lors, la revendication de la « dignité collective » est-elle illégitime, dans la mesure où l'on supposerait que la dialectique entre l'approche particulière de la dignité et l'approche universelle est seule suffisante ? Nullement, car personne ne peut nier que des groupes humains spécifiques ont été historiquement la cible privilégiée de la barbarie humaine. Et c'est là toute la difficulté de manier ensemble les trois approches, qui se différencient, mais se complètent, pour obtenir une clinique et une politique de la dignité des plus opérationnelles.

---

15. Magali Bessone et Myriam Cottias, « Dignité », dans M. Bessone et M. Cottias (dir.), *Lexique des réparations de l'esclavage*, Paris, Karthala, coll. « Esclavages », 2021, p. 41-46.

Chapitre 5

LE DEVENIR-INDIGNE DU MONDE

Les travaux issus de l'économie politique des inégalités ont montré comment la dynamique inégalitaire a structuré les rapports économiques dans le contexte mondialisé des trente dernières années, alors même que le niveau absolu de la pauvreté a diminué[1]. La reviviscence du débat sur la dignité s'inscrit donc dans un cadre normatif global où la question de l'inégalité est déterminante, *a fortiori* pour les populations les plus vulnérables des Suds, et une partie non négligeable des classes moyennes occidentales. À l'opposé, s'est développée une classe de « ploutocrates mondiaux » dont la richesse accumulée correspond au double du PIB de l'Afrique[2]. Si les récents travaux de la sociologie économique ont démontré que la pauvreté a laissé de plus en plus la place à un sentiment de précarisation généralisée, la peur de la déchéance socio-économique continue de progresser dans la plupart des catégories populationnelles évoquées, jusqu'à banaliser la peur de la dégradation, ou de l'indignité, comme risque commun le mieux partagé. Le rapport à l'inégalité avait déjà été grandement amplifié en passant de la réalité objective de la pauvreté au sentiment objectif et subjectif d'être précaire. La tendance ne fait que se renforcer, en confrontant chacun à la crainte de subir de plus en plus fréquemment des modes dégradés d'accès aux ressources élémentaires, avec le risque d'un sentiment de soi-même dégradé. La modernité se définirait désormais comme une fabrique systémique

---

1. Voir notamment les travaux d'Anthony Atkinson, Joseph Stiglitz, Emmanuel Saez, Thomas Piketty, Gabriel Zucman, Camille Landais et Branko Milanovic.
2. Branko Milanovic, *Inégalités mondiales. Le destin des classes moyennes, les ultra-riches et l'égalité des chances* (2016), trad. de l'anglais par Baptiste Mylondo, préface de Thomas Piketty, postface de Pascal Combemale et Maxime Gueuder, Paris, La Découverte, 2019, rééd. 2021, p. 66.

de perte de dignité pour le sujet, alors que par le passé, seuls des groupes ciblés d'individus étaient concernés par un tel risque.

Avec la réalité anthropocénique, les vécus d'effondrement se multiplient, comme les risques de déplacement des populations. Or, on sait que les mobilités contraintes – l'exil, la migration du travail ou climatique, la fuite devant la guerre, etc. – sont le lieu par excellence d'une fragilisation substantielle des individus et de leur dignité humaine – quand ils ne sont pas irréversiblement atteints. La crise climatique s'annonce comme une clinique de l'indignité des plus retorses, avec toujours ce fait inégalitaire structurel où la « vie digne » des uns s'édifie en configurant la vie « indigne » des autres.

L'anthropocène, ou la menace de l'indignité systémique

Qu'entend-on par vécu d'effondrement ? L'expérience dite d'effondrement n'est pas de type apocalyptique, mais de type entropique. Une pandémie peut ainsi se définir comme une expérience d'effondrement de l'accès équitable à une ressource. Une modélisation dite d'effondrement met en scène des boucles de rétroaction, des phénomènes d'emballement, des fonctions exponentielles, des accélérations difficilement anticipables, pour expliciter un événement à venir, et surtout le type de gouvernance (gestion des ressources, systèmes de priorisation et de rationnement) qu'il faudra mettre en place pour « traverser » cet événement. Une modélisation dite d'effondrement prend tout simplement très au sérieux cette notion des limites planétaires, non négociables, comme le rappelaient dans leur ouvrage Pablo Servigne et Raphaël Stevens :

> La grande question de notre époque est donc de savoir où se trouve le plafond. […] Y a-t-il une limite (ou plusieurs) à notre croissance exponentielle ? Et si oui, combien de temps nous reste-t-il avant un effondrement ? […] Les limites de notre civilisation sont imposées par les quantités de ressources dites « stock », par définition non renouvelables

> (énergies fossiles et minerais), et les ressources « flux » (eau, bois, aliments, etc.) qui sont renouvelables mais que nous épuisons à un rythme bien trop soutenu pour qu'elles aient le temps de se régénérer. [...] Les frontières de notre civilisation représentent des seuils à ne pas franchir sous peine de déstabiliser et de détruire les systèmes qui maintiennent notre civilisation en vie[3].

Si, en apparence, la problématique de l'anthropocène et des limites planétaires semble éloignée des enjeux de la clinique de la dignité, très vite le paradoxe disparaît pour rappeler la conditionnalité première de notre conception de la dignité, comme celle de nos contrats sociaux et de nos États de droits, à savoir le carbone. Certes, la dignité est un inaliénable symbolique, un principe intangible, mais la grande conquête de la modernité a été d'envisager sa matérialisation, autrement dit sa reconnaissance comme droit positif. Or celles-ci n'existeraient pas sans les régimes énergétiques qui sont les nôtres et qui font reposer le destin de nos démocraties sur les ressources fossiles. Savons-nous seulement demeurer dans des États de droit en dehors de nos systèmes carbonés, en dehors de la croissance économique fondée sur l'extraction des fossiles ?

L'anthropocène n'est pas seulement une atteinte à la qualité de la biodiversité des écosystèmes, il s'attaque aussi aux contrats sociaux, humains. Les premières victimes du réchauffement climatique sont, à ce titre, les droits de l'homme – dont la dignité, qui en est un des principes matriciels – et la qualité de la vie – soit la prise en considération de son caractère indivisible. L'anthropocène est d'abord le lieu de l'inhabitabilité et de l'invivable pour l'homme. Dans l'anthropocène, le risque non seulement entérine la définition d'Ulrich Beck – le risque a quitté la dimension sectorielle pour devenir systémique[4] –, mais il porte atteinte directement à un irréductible et inaliénable de l'être humain, à savoir le rapport qu'il établit avec sa dignité. Le risque de devenir indigne touche chacun

---
3. Pablo Servigne et Raphaël Stevens, *Comment tout peut s'effondrer. Petit manuel de collapsologie à l'usage des générations présentes*, Paris, Seuil, coll. « Anthropocène », 2015, p. 37-38.
4. Ulrich Beck, *La Société du risque. Sur la voie d'une autre modernité* (1986), trad. de l'allemand par L. Bernardi, Paris, Aubier, 2001.

d'entre nous, non seulement en portant atteinte aux conditions dignes de vie, mais aussi en multipliant les modes dégradés d'existence et les menaces de voir sa dignité atteinte, bafouée, malmenée. Nous pénétrons le monde de l'indécence commune (*common un-decency*). D'une part, parce que le phénomène, bien diagnostiqué par la psychologie sociale, d'« effacement de la morale [5] », est indissociable des modes de raréfaction des ressources, des obligations de survie, des épisodes traumatiques ; et d'autre part, parce que le gouvernement a tendance, en régime d'exception, à quitter l'approche aristotélicienne et jurisprudentielle de l'éthique, centrée sur le respect et le soin de la personne en tant que telle, pour une éthique de type utilitariste, dédiée au management et à la sécurité du grand nombre, quitte à mettre à mal les identités et les modes de vies des singularités. Ce ne sera donc pas seulement l'effacement de l'éthique individuelle qui viendra corroborer le développement de l'indécence commune, mais le déploiement de l'éthique utilitariste qui sera ressenti, du moins pour les sociétés rompues à l'individualisme moderne, comme antinomique de la décence, au sens où celle-ci est censée respecter la vie et l'individualité des personnes en tant que telles.

---

5. Les travaux d'Harald Welzer – et notamment *Les Guerres du climat. Pourquoi on tue au XXIe siècle* (2008), trad. de l'allemand par Bernard Lortholary, Paris, Gallimard, coll. « Folio actuel », 2012 – ont parfaitement montré comment les individus s'habituent au pire et repoussent les limites du tolérable. Les « guerres du climat » seront des atteintes massives aux droits démocratiques et aux valeurs humaines, avec un « consentement » falsifié, qui articulera ensemble sur-adaptation des uns et bouc-émissarisation des autres. Comme l'écrivent Pablo Servigne et Raphaël Stevens, « Welzer montre comment une société peut lentement et imperceptiblement repousser les limites du tolérable au point de remettre en cause ses valeurs pacifiques et humanistes, et sombrer dans ce qu'elle aurait considéré comme inacceptable quelques années auparavant. Les gens s'habitueront (et s'habituent déjà) aux événements climatiques extrêmes, aux épisodes de disette ou aux déplacements de population. Les habitants des pays riches s'habitueront aussi très probablement à des politiques de plus en plus agressives envers les migrants ou envers d'autres États, mais surtout ressentiront de moins en moins cette injustice que ressentent les populations touchées par les catastrophes. C'est ce décalage qui servira de terreau à de futurs conflits » (*Comment tout peut s'effondrer, op. cit.*, p. 208-209).

La brutalité du monde

Achille Mbembe a nommé ce risque systémique le devenir « brutaliste[6] » du monde, qui relie tous les non-soins portés aux milieux naturels comme aux hommes. Chacun a les images de l'architecture brutaliste dans sa tête, tant elles ont l'allure dystopique et nihiliste des modernités désavouées, mais le brutalisme, chez Mbembe, n'est dépositaire d'aucun style :

> Par brutalisme, je fais donc référence au procès par lequel le pouvoir en tant que force géomorphique désormais se constitue, s'exprime, se reconfigure, agit et se reproduit par la *fracturation* et la *fissuration*. J'ai également à l'idée la dimension moléculaire et chimique de ces processus. La toxicité, c'est-à-dire la multiplication de substances chimiques et de déchets dangereux, n'est-elle pas une dimension structurelle du présent ? Ces substances et déchets (les déchets électroniques y compris) ne s'attaquent pas seulement à la nature et à l'environnement (l'air, les sols, les eaux, les chaînes alimentaires), mais aussi aux corps ainsi exposés au plomb, au phosphore, au mercure, au béryllium, aux fluides frigorigènes[7].

Cette thèse brutaliste n'est pas sans rappeler celle de la sociologue Saskia Sassen[8] lorsqu'elle combine les dynamiques d'extraction et celles d'expulsion pour mieux décrire les nouvelles gouvernances territoriales. Les modes de l'expulsion sont désormais multiples et complexes : l'expulsion des travailleurs à faible revenu et des chômeurs des systèmes étatiques de protection sociale et de santé ; mais aussi les progrès des techniques de forage de pointe comme la fracturation hydraulique, qui ont le pouvoir de transformer des environnements naturels en terres stériles dépourvues de nappe phréatique – en somme, l'expulsion d'éléments vitaux de la biosphère. Sans parler des « déplacés », délocalisés, migrants, réfugiés, ghettoïsés, qui fuient les guerres, la

---

6. Cynthia Fleury, « Le devenir brutaliste du monde », *L'Humanité*, 15 mai 2020.
7. Achille Mbembe, *Brutalisme*, Paris, La Découverte, 2020, p. 9-10.
8. Saskia Sassen, *Expulsions. Brutalité et complexité dans l'économie globale*, trad. de l'anglais par Pierre Guglielmina, Paris, Gallimard, coll. « NRF Essais », 2016.

misère, la barbarie, ou plus banalement encore la violence économique et sociale. Le brutalisme se définit alors comme des formes d'effractions institutionnalisées posant le « réel » – en fait, la réalité sociale – comme uniquement ce qui porte atteinte à l'intégrité des corps, des maisons, des sols, des droits, des acquis sociaux.

Ainsi, l'ère brutaliste qualifierait cette reconfiguration des écosystèmes et des corps, des valeurs et des normes : comment, en somme, le pouvoir néolibéral nous réifie, milieux naturels et humains, pour que nous livrions tous nos secrets sous le forçage de l'extraction. « Aux logiques de fracturation et de fissuration, il convient dès lors d'ajouter celles de l'épuisement et de la déplétion. Une fois de plus, fracturation, fissuration et déplétion ne concernent pas seulement les ressources, mais aussi les corps vivants exposés à l'épuisement physique et à toutes sortes de risques biologiques parfois invisibles (intoxications aiguës, cancers, anomalies congénitales, troubles neurologiques, perturbations hormonales). Réduit à une nappe et à une surface, c'est l'ensemble du vivant qui subit des menaces sismiques[9]. » Il ne s'agit même plus de faire de nous des objets, mais une « nappe », une « manne », un « minerai », un pur substrat élémentaire sur lequel on pourrait faire peser ensuite tous les calculs computationnels, pour que cette « brique » de nouveau délivre encore et encore...

La condition ouvrière a été historiquement déterminante pour revendiquer politiquement – à partir d'une critique acerbe des conditions de travail et de vie du monde ouvrier – une refonte de la dignité, celle de la main-d'œuvre et des vies plus individuelles la composant, qui a été au cœur d'une consolidation du contrat social général. Il ne faut pas omettre ici le cas exemplaire de la condition noire ouvrière. L'ouvrage essentiel de Charles Denby[10] est symptomatique des oublis et dévalorisations que subissent un certain type de penseurs – parce que Noirs, femmes, ouvriers – qui ne correspondent pas aux standards patriarcaux de la représentation

---
9. Achille Mbembe, *Brutalisme*, op. cit., p. 10-11.
10. Charles Denby, *Cœur indigné. Autobiographie d'un ouvrier noir* (1952), trad. de l'anglais et présenté par Camille Estienne, Bassac, Éditions Plein Chant, coll. « Voix d'en bas », 2017.

du savoir, alors qu'ils ont produit des œuvres d'une extrême qualité, notamment clinique, sur les conditions indignes de travail, les praxis de résistance, la participation active aux mouvements civiques d'émancipation.

> Pour reprendre les mots de Raya Dunayevskaya, les Noirs ont toujours été la pierre de touche de la civilisation américaine parce qu'ils exposaient son talon d'Achille – le racisme – et se trouvaient toujours à l'avant-garde du mouvement. Il en fut ainsi dans la lutte contre l'esclavage quand ils se battirent aux côtés des abolitionnistes blancs. Il en fut ainsi lors des premiers pas de l'impérialisme américain, quand les Noirs étaient seuls à s'opposer à la politique étrangère des États-Unis. Il en fut ainsi quand, aux côtés du mouvement ouvrier blanc, ils transformèrent l'industrie américaine en créant le CIO. Et il en est encore ainsi aujourd'hui, alors que la révolution noire est à la croisée des chemins entre le nationalisme et l'internationalisme prolétarien [11].

Se lit ici la continuité entre les différents mouvements d'émancipation, une sorte d'universel en mouvement, indissociable de la diversité des prises de parole et des conditions, la preuve même de la viabilité du concept d'universalité lorsqu'il n'est pas le faux nez de l'impérialisme culturel. Le mouvement pour l'émancipation noire et celui d'une humanité en général ne sont pas antinomiques, mais dialectiques, la preuve pour le premier qu'il n'est pas excluant ou essentialiste, la preuve pour le second qu'il ne se paye pas uniquement de mots en se satisfaisant du seul déclaratif ou d'une version falsifiée qui renverrait à tel ou tel impérialisme culturel [12].

---

11. Raya Dunayevskaya, *Philosophy and Revolution. From Hegel to Sartre and from Marx to Mao*, New York, Columbia University Press, 1989 (3ᵉ éd.), citée par Charles Denby, *Cœur indigné. Autobiographie d'un ouvrier noir, op. cit.*, p. 430-431. Dunayevskaya et Denby ont été rédacteurs de *News & Letters*, journal marxiste-humaniste, qui a été créé « pour que les voix de la révolte d'en bas puissent être entendues sans se séparer de l'articulation d'une philosophie de libération ». Raya Dunayevskaya (1910-1983), philosophe politique américaine d'origine ukrainienne, a été présidente du Comité éditorial national depuis la fondation de celui-ci, en 1955, jusqu'à sa mort en 1987. Charles Denby (1907-1983), « ouvrier de production noir » (*black production worker*), en a été le rédacteur en chef de 1955 à 1983.
12. Dans sa conclusion, Denby poursuit en évoquant Fanon et Biko : « Ce que Fanon et Biko essaient de dire c'est que la lutte pour la liberté ne s'arrête pas aux frontières nationales

La nouvelle prolétarisation en marche témoigne d'une violence plus grande encore à l'égard des personnes, avec une dilution plus forte des individus, typique de celle subie dans et par le monde colonial. Mbembe a cru percevoir derrière la démolition du territoire africain non pas la vérité du seul colonialisme, mais le fait que l'Afrique est un laboratoire de mutations d'ordre planétaire qui raconte le devenir-brutaliste du monde. Certes, Mbembe veut croire qu'elle est également ce lieu où se réinvente un possible lien régénérant avec le vivant, une politique globale de la réparation et de la refonte de la dignité, à partir d'une prise en considération de ce qui s'est joué avec la « dignité noire ».

Les modes dégradés de la dignité en institution

Il n'y a pas que les personnes subissant le sentiment d'indignité qui présentent des troubles psychopathologiques. Ce que l'on nomme la « souffrance éthique » est directement lié au sentiment d'indignation qui surgit chez le sujet lorsque celui-ci se sent devenir prisonnier d'une situation qu'il juge de plus en plus « indigne » parce qu'elle désavoue les principes éthiques auxquels il croit. Christophe Dejours [13] a étudié ces phénomènes de souffrance

---

et que toutes les batailles pour la liberté humaine contribuent au mouvement mondial pour l'émancipation. [...] Je considère l'histoire de ma vie comme faisant partie de la lutte mondiale pour la liberté. Mon expérience en tant que Noir originaire du sud des États-Unis et en tant qu'ouvrier noir dans l'industrie automobile à Détroit m'a appris que l'histoire enregistre la lutte des opprimés pour réaliser l'émancipation humaine. Je suis impatient de voir le nouveau monde que ces luttes préfigurent et je crois fermement qu'il est à notre portée car partout des hommes s'efforcent comme moi d'y atteindre », *Cœur indigné, op. cit.*, p. 436-437.
13. Voir Duarte Rolo, « Histoire et actualité du concept de souffrance éthique », *Travailler*, vol. 37, 2017/1, p. 253-281. Cet article reprend les différentes interprétations de la « souffrance éthique », selon les formulations de Patrick Pharo, Torrente, Christophe Dejours et Pascale Molinier : « Ce tournant a naturellement influencé la façon de penser la souffrance éthique. Le critère de la souffrance éthique ne peut naturellement plus se réduire à l'injustice commise, comme dans *Souffrance en France*. Il comprend désormais la qualité du travail, inextricablement articulée aux règles dont se dotent les collectifs pour travailler ensemble. À partir de la version inaugurale proposée par Dejours, les travaux de Pascale Molinier ont permis de renouveler la problématisation de la souffrance éthique en psychodynamique du travail. Dès lors, la souffrance éthique se réfère de façon plus accentuée qu'auparavant au contenu de l'activité et au jugement porté par les agents sur leurs propres pratiques. Relativement aux premières formulations du concept, où l'injustice infligée à autrui apparaissait comme un élément capital, Molinier conçoit une souffrance éthique dont l'origine renvoie

éthique, notamment dans le monde du travail, où ils sont à l'origine de quantité d'épuisements professionnels et d'un sentiment diffus de lassitude et de découragement. Il y a bien sûr la situation de souffrance éthique dans un contexte exceptionnel, hypertraumatique, car indissociable des guerres et de l'Histoire barbare des êtres humains. Mais la souffrance éthique peut parfaitement advenir en situation ordinaire, où l'usure et le désengagement se mêlent. C'est là un tournant déterminant, issu des travaux de la psychodynamique du travail, qui fait de la souffrance éthique, ou encore du *burn out*, un « fait social », jusqu'à ce que Georges Vigarello a pu nommer une « extension du domaine de la fatigue », généralisant la thèse d'Alain Ehrenberg sur la « fatigue d'être soi ».

La souffrance éthique apparaît quand l'agent ne fait que constater la dégradation continue de ses conditions de travail, tant économiques, morales, que relationnelles – en un mot, institutionnelles. La souffrance éthique advient quand la confiance dans l'institution disparaît progressivement, voire totalement. Dès qu'un individu est victime d'un harcèlement – d'un collègue ou du management institutionnel –, la souffrance le saisit et le lien avec l'institution se délite. Car même si l'institution n'est pas directement responsable des agissements des personnes, elle les permet par son silence, les cautionne par son inaction. Autrement dit, la faillite morale de l'institution s'incorpore chez le sujet en provoquant chez lui une souffrance éthique, qui devient le symptôme et la preuve de l'indignité institutionnelle. Cette indignité institutionnelle n'existe donc pas uniquement dans les lieux qui sont régulièrement stigmatisés par la société, comme les prisons.

Le devenir-indigne de l'institution s'est considérablement généralisé, non seulement par le biais de la banalisation des « modes dégradés » comme nouveaux modes de gouvernance et d'urgence, mais également par l'acceptation de l'abandon de

---

davantage au rapport entre les valeurs (ce qui compte) du sujet et son activité, entendue comme un mode d'affrontement singulier du réel du travail. Le rapport au faire gagne ici en importance, au détriment du rapport à autrui » (p. 272).

valeurs relevant de l'empathie la plus élémentaire. En mettant à mal la dignité des pratiques et des valeurs, c'est la notion même d'institution, sa validité, que l'on met en danger. Il faut entendre les discours des personnels soignants, des universitaires, des directeurs d'école et de lycée, des agents de l'aide sociale à l'enfance, ou encore des magistrats, des policiers, etc., pour saisir en quoi cette « souffrance éthique » n'est que l'autre nom de la disparition de l'institution publique, le fait que cette institution ne soit plus jugée « digne » d'être préservée, alors qu'elle est censée être le garant symbolique et politique des conditions dignes de la vie en collectivité. Toute clinique de la dignité, pour être efficace, s'appuie nécessairement sur ce qu'Hermann Simon avait nommé « soigner l'hôpital » (1929) et que François Tosquelles, Jean Oury et Félix Guattari ont défini de manière plus générique comme « soigner l'institution [14] ». La psychothérapie institutionnelle n'a cessé de concevoir des « milieux » propices à l'interactionnisme de qualité au sein duquel s'élaborent des relations dignes entre individus, indépendamment de leurs statuts et fonctions. Elle a fait de cette capacité « phorique [15] » de l'institution une condition *sine qua non* de l'efficience d'un soin, qu'il soit à destination des patients, des familles ou des soignants. Elle est certainement l'une des théories organisationnelles qui a le plus mis en lumière la contradiction indépassable qui consiste à croire qu'il est possible de produire un soin alors même que le milieu dans lequel on évolue est « pathogène », physiologiquement parlant ou symboliquement.

---

14. Voir l'article de Catherine Luca-Bernier qui reprend bien la généalogie de la psychothérapie institutionnelle : « Logique du soin en psychothérapie institutionnelle », *Le Coq-héron*, vol. 206, 2011/3, p. 98-106.
15. Terme faisant référence au grec *phérein*, signifiant « porter ».

L'inhabitabilité ou l'accoutumance à l'indignité

De même qu'il est impossible de produire une conception de la dignité universellement admise sans prendre en considération les travaux des *post-colonial studies*, *subaltern studies*, *cultural studies*, ceux de l'intersectionnalité ou ceux des approches décoloniales, il est désormais inopérant de croire que ces conceptions de la dignité ne vont pas être fortement bousculées par l'événement anthropocénique qui s'annonce, et qui devient le cadre normatif du XXIe siècle, le nouveau « milieu de vie ». Comment penser, et surtout comment protéger une conception de la dignité à l'âge de l'anthropocène ? Comment se prémunir d'un devenir-indigne du monde, pourtant grandement probable en contexte anthropocénique ? Quelles clinique et politique de la dignité définir pour éviter de ratifier la disparition d'un tel concept ?

Personne n'a, à ce jour, la réponse pour relever ce défi, d'autant que le déni continue de perdurer. Le « déplacement » contraint des individus se banalisant, c'est toute la politique de l'immigration et de la circulation des personnes qui se modifie, en indifférenciant leurs règles. Dès lors, les logiques se font toujours plus agressives envers les migrants jugés indésirables – qu'ils soient liés au travail, au réchauffement climatique, à la fuite des conflits, etc. –, d'autant que les populations résidentes acceptent désormais des protocoles de surveillance qu'elles jugeaient inacceptables par le passé. Les protocoles de *monitoring* de la pandémie ont déjà grandement atteint la circulation des personnes lambda, avec pour résultat une atteinte aux libertés individuelles et publiques des personnes concernées, mais par voie de conséquence indirecte, des restrictions plus fortes encore sur d'autres catégories de population. Telle est la logique du déplacement des limites du tolérable. La société, en multipliant les vécus d'effondrement, banalise l'usage des appareils de contrôle, de surveillance, de rétention. Les citoyens se révolteront d'autant moins contre les procédures d'exclusion ou d'enfermement des migrants qu'ils auront eux-mêmes été les « victimes » de confinements récurrents, et de liberté de circulation restreinte. C'est ainsi que le mode dégradé, le devenir-indigne du monde, ou encore l'indécence commune, se normalise comme mode de vie ordinaire, comme nouvelle norme de vie. Ces vies diminuées, indignes, en miettes (Zygmunt Bauman), déplacées (perdant toute possibilité d'acquérir une « place ») deviennent des *vies normales*, dans un contexte d'effondrement anthropocénique.

Dans ce devenir-indigne du monde et de la société, il n'est pas impossible que la forme première d'habitabilité soit celle des « camps » et non des cités : des camps qui différencieraient leur gouvernance selon que les migrants, ou réfugiés ou déplacés, seraient jugés plus ou moins respectables par la société-hôte. « Le camp, en particulier, a fini par revêtir la forme d'un immense clapier, où, semblables à des animaux piégés, des êtres humains tournent en rond, un lieu de collision des espaces, où des vies viennent se fracasser contre grands et petits murs, barrières et *checkpoints*, laissant derrière elles des débris de temps et, souvent, des corps en miettes, sous l'effet de multiples états de siège, de fermetures intempestives, de blocus à répétition et, lorsqu'il le faut, de bombes à fragmentation, bref la désolation[16] », écrit Mbembe. Immense « clapier » pour dire les nouvelles formes de domestication des corps et des esprits par l'atteinte à la dignité, le risque de devenir un « déchet » soi-même, le danger de la contamination, de la promiscuité, des « collisions » constantes entre espaces vitaux. Le camp n'est pas une prison mais il est un « piège » à ciel ouvert. Un lieu d'anéantissement sourd, ou d'« incapacitation ». Le devenir-brutaliste de Mbembe décrit parfaitement comment le risque systémique d'indignité frappe la majorité d'entre nous : « Le brutalisme [...] est une politique qui met en branle un métabolisme social dont la finalité est l'anéantissement ou l'incapacitation de classes distinctes de la population, et qui, à l'ère de l'anthropocène, accomplit cet anéantissement ou cette incapacitation sous le mode de la gestion de déchets de

---

16. Achille Mbembe, *Brutalisme, op. cit.*, chapitre 6, p. 152.

tous ordres. Le brutalisme est, de ce point de vue, une manière de naturalisation de la guerre sociale [17]. » Le milieu devient inhabitable mais il est de toute façon interdit à l'homme dé-placé d'habiter le monde. Or le destin des dé-placés devient de plus en plus commun.

Certes, l'habitat éphémère n'est pas voué à être l'antithèse de tout bien-être, cependant, il devient de plus en plus nécessaire de penser les conditions dignes d'un tel habitat tant il se systématise, et pas seulement pour accueillir des populations malmenées par les guerres, qu'elles soient géopolitiques ou climatiques. Les expériences d'effondrement liées aux épisodes pandémiques multiplient ce type d'habitat, par exemple pour confiner certains malades, ou pour traiter telles ou telles pathologies, assumer tel geste de santé publique. Il est impossible que ces lieux qui essaiment sur nos territoires ne soient que « gestionnaires », autrement dit faits pour « gérer » les populations, les « monitorer ». Ils doivent, à l'inverse, être réinscrits dans une grande clinique du soin et de la dignité, alors même qu'ils sont trop souvent encore le lieu de mécanismes de réification détestables. Il est impératif que les architectes se saisissent de l'obligation de concevoir ces lieux, qu'ils ne les abandonnent pas à leur destin d'inhabitabilité et d'indignité, se consacrant seulement à ce qu'ils jugeraient être digne d'eux, rassurant leur réputation, mais passant à côté de la fonction soignante de l'architecture. Les architectes se réinventent dans ce monde si bouleversé par les failles systémiques. Ils savent pertinemment que construire ne sera pas nécessairement l'unique geste architectural, qu'il va falloir prioritairement réhabiliter, « dénormaliser », entretenir, prendre soin, réparer, se lier intelligemment au vivant dans son ensemble, veiller à ne pas provoquer plus de dysfonctionnements encore sur les territoires environnants. On ne peut plus se satisfaire d'habiter le monde en rendant inhabitable l'environnement aux alentours. De plus en plus d'architectes se saisissent de cet impératif à concevoir une « architecture de l'urgence », qui

---

17. *Ibid.*, p. 43.

viendrait penser les camps non comme des lieux de relégation mais comme de nouveaux quartiers et lieux de vie, travaillant à l'inclusion et au rétablissement des personnes.

Face à l'indigne, le devenir de l'hospitalité

Ces dernières années, les « camps » sont devenus des terrains privilégiés pour les sciences humaines et sociales (lorsqu'elles pratiquent leurs investigations théoriques et pratiques), pour les disciplines de philosophie morale et politique, d'anthropologie, ou de sociologie critique. Leur statut, à la frontière de l'extérieur et de l'intérieur, entre l'hospitalité et l'inhospitalité, donne à voir et à comprendre comment immunité et communauté s'articulent. Ils sont, plus que tout autre espace, le lieu d'une tension entre la dignité et l'indignité :

> Face à la défaite de l'hospitalité politique, l'hospitalité s'organise à nouveau sur un plan éthique. Les réfugiés syriens, irakiens, afghans, qui ont subi brutalement la fermeture de la frontière entre la Grèce et la Macédoine dans leur long voyage vers l'Europe du Nord, racontent que des Grecs, souvent pauvres, leur apportent vêtements et nourriture. À Calais, à Grande-Synthe, à Lampedusa, à Vintimille, à Tempelhof, dans tous les camps d'Europe et hors d'Europe, les bénévoles affluent. [...] Là, des particuliers s'émeuvent à Stalingrad (quartier du nord de Paris) ou à Sarcelles (région parisienne) des conditions faites aux demandeurs de refuge et préparent des repas, apportent des couvertures. Est-ce là une réponse éthique nécessaire ? Évidemment. Pourtant, deux questions demeurent : est-ce là une réponse politique ? nullement ; une telle exemplarité éthique n'est-elle pas porteuse d'une autre politique ? absolument[18].

Ce constat est celui de Fabienne Brugère et de Guillaume Le Blanc, après qu'ils ont décidé d'aller poser leur regard et

---

18. Guillaume Le Blanc et Fabienne Brugère, avant-propos, *La Fin de l'hospitalité. Lampedusa, Lesbos, Calais. Jusqu'où irons-nous ?*, Paris, Flammarion, 2017, p. 24-25.

leurs corps de chercheurs en sciences humaines et sociales dans ces lieux quasi dystopiques, flirtant avec les limites de l'État de droit, espaces où les effractions du réel sont toutes-puissantes, tant les traumatismes s'y multiplient. Dans ces lieux désertés par l'exigence d'une politique d'accueil digne de ce nom, une éthique de l'hospitalité se maintient coûte que coûte et invite à restaurer, à partir de ses pratiques et présupposés, une nouvelle politique de l'asile, et plus généralement de l'accompagnement des flux de personnes. Les camps jouent le rôle autrefois dévolu aux hospices, qui articulent dynamiques d'enfermement et d'accueil, et rappellent combien les distances géographiques traduisent toujours des écarts normatifs. Il faut hélas comprendre que la vie indigne ne débute pas dans le camp, mais que celui-ci est plutôt la fin de parcours d'une vie jugée indigne d'être prise en considération comme il se doit. Dans les camps séjournent les vies qui ne comptent pas. Les camps ne sont donc pas des lieux garants de l'hospitalité, mais précisément les témoins des limites de l'hospitalité d'une société, qui, parce qu'elle est inhospitalière, multiplie ces espaces en périphérie de son territoire préservé. Une fois ce diagnostic posé, il est tout sauf simple de faire du camp un lieu de restauration de la dignité, alors même qu'il ratifie le fait que la société a considéré certaines vies comme indignes, raison pour laquelle elle continue d'infliger des modes invivables.

« Quelle est la vie digne d'être secourue ? » interrogent Le Blanc et Brugère, qui proposent une politique de la dignité s'appuyant sur des « pratiques de l'hospitalité » rénovées, dépassant les frontières nationales. Telle est sans doute l'une des difficultés majeures de cette politique de la dignité fondée sur l'hospitalité, premier critère de la communauté, qui ne fait pas de distinction – politique, ou éthique – entre les vies des individus, selon qu'ils sont ou non ressortissants nationaux. C'est en prenant appui sur la philosophie du soin que Le Blanc et Brugère veulent réhabiliter le politique, en invitant les institutions publiques à cartographier les pratiques « inventives et imaginatives » de la société civile en matière d'accueil et d'asile, afin de mieux les développer sur l'ensemble du territoire.

> Plutôt que de toujours donner des directives, inventer des normes et exiger plus d'évaluation et de gestion au nom d'une fiction nommée « objectivité », l'État républicain doit apprendre à écouter les individus dans leurs pratiques pour aller à la rencontre de ce qui devrait faire la base de la politique : la capacité à développer des expériences bonnes collectivement. On sait bien que des formes de vulnérabilité particulièrement intenables, d'injustice inacceptables peuvent être combattues par des pratiques d'hospitalité appropriées. Les considérer, les valoriser, les reproduire ailleurs, c'est un premier pas contre l'abandon de populations qui n'entrent pas dans les cadres nationaux étatiques et risquent l'exclusion, la mort ou l'errance continue [19].

La société civile et désormais les tiers lieux sont des acteurs clés de cette politique de l'hospitalité ; par exemple, le site des « Grands Voisins » (ex-hôpital Saint-Vincent-de-Paul, Paris) qui a fait école et ouvert la voie à de nouvelles pratiques et configurations : occupation temporaire et légale de l'espace public, alliance des organisations privées et publiques au service de l'intérêt général et du non-profit, expertise de l'économie sociale et circulaire, gouvernance des communs, accueil de réfugiés, logiques de *one-stop center* (aide juridique et administrative, accompagnement pour l'insertion sociale, soutien psychologique et médical, accès aux biens vitaux), ateliers d'éthique narrative pour reconstituer les récits de vie... Ce genre de lieux « pensent » l'accueil et ses articulations avec les écosystèmes qui l'environnent pour inventer d'autres types de liens, des liens solidaires, entre les populations, et notamment les plus vulnérables. Ce sont des tiers lieux dédiés à l'expérimentation démocratique, qui, même s'ils manient des échelles très humaines, avec un impact plus qualitatif que quantitatif, ont valeur de modèle et d'inspiration, et constituent une nouvelle façon d'élaborer des services publics, avec des protocoles particuliers de reproductibilité.

---

19. *Ibid.*, p. 213-214.

Effondrement et hyperconsommation : comment y résister ?

Les expériences d'effondrement ne sont pas uniquement l'autre nom des catastrophes naturelles ou humaines. Un effondrement plus sourd gangrène les sociétés développées, et hélas oriente le désir et les imaginaires des sociétés qui le sont moins. Hans Jonas l'avait nommé « apocalypse rampante », et chacun le connaît sous le nom de surconsommation, le surplus étant devenu pour certains la seule preuve de la dignité. N'est signe de dignité que la satiété, alors même qu'elle rend malades les corps et qu'elle est techniquement impossible : le sujet qui a oublié la règle originelle de la sublimation de la finitude croit qu'il faut se remplir, de manière compulsive et boulimique, pour rassurer l'immense angoisse de vivre et la crainte, dans la rivalité mimétique, d'apparaître moins bien loti que son voisin. Dans les pages conclusives de *Bouleversement*, l'anthropologue Jared Diamond, ayant grandement popularisé la notion d'effondrement, déconstruit la dangerosité de ce rêve assimilant bonheur et excès, en poussant jusqu'à l'absurde le calcul de la consommation mondiale si elle prenait la consommation américaine comme étalon :

> Le rêve que tout le monde puisse atteindre un mode de vie digne des pays industrialisés est-il réalisable ? [...] Examinons les nombres. Multiplions, pour chaque pays, le nombre actuel de personnes par les taux nationaux de consommation par habitant (de pétrole, métaux, eau, etc.), et additionnons ces nombres pour obtenir un résultat mondial. [...] Cela équivaut à une population mondiale d'environ 80 milliards d'habitants selon la répartition actuelle des taux de consommation par habitant. Certains optimistes prétendent que nous pouvons supporter un monde de 9,5 milliards d'habitants. Mais je n'en ai rencontré aucun assez fou pour prétendre que nous pouvons soutenir un monde avec 80 milliards d'habitants ! Pourtant, nous promettons aux pays pauvres que s'ils adoptent de bonnes politiques publiques, comme un gouvernement honnête et une économie de marché libre, ils pourront, eux aussi, devenir comme les pays du Premier Monde actuels. Cette promesse est absolument impossible, et relève de la tromperie la plus cruelle. À l'heure qu'il est, nous avons déjà du mal à subvenir aux besoins que

suscite le mode de vie des pays du Premier Monde, et ce alors que seulement un milliard de personnes, sur les 7,5 milliards que compte le monde, en jouit[20].

Or, non seulement le narratif mondial valorise cette fiction d'ultraconsommation comme preuve du bonheur et de la dignité des individus, mais les responsables politiques, quand ce ne sont pas les individus eux-mêmes, considèrent ces modes d'être et de consommer comme « non négociables ». Que la dignité humaine ne soit pas négociable est une nécessité ; que sa conception, hypermatérialiste, soit à ce point falsifiée, est en revanche une menace pour la vie digne de l'ensemble de la population mondiale. La surconsommation, liée à la quête du surprofit, ce sont des protocoles de sécurité sanitaire nivelés par le bas, des maladies chroniques en pagaille, des comportements compulsionnels et addictifs renforcés, des sols et des écosystèmes naturels laminés, autrement dit, une dignité qui devient l'ombre d'elle-même, obèse.

Jared Diamond définit quelques axes pour guider une politique de la dignité, qui commence d'ailleurs par une « clinique », au sens de diagnostic et de cessation du déni dudit diagnostic, ou encore par la réaffirmation des valeurs de responsabilité, la sortie de la victimisation, la qualité informationnelle, l'apprentissage grâce aux retours d'expérience, la mise en place de protocoles de résilience, la reconquête de la confiance, la définition nouvelle d'une fierté nationale...

---

20. Jared Diamond, *Bouleversement. Les nations face aux crises et au changement* (2019), traduit de l'anglais par Hélène Borraz, Paris, Gallimard, coll. « NRF Essais », 2020, p. 347.

> **Les douze propositions de Jared Diamond pour enclencher une renaissance en contexte d'effondrement**[21]
>
> 1°) Reconnaître qu'on est en crise, sortir du déni, cesser de sous-estimer la menace grandement documentée par la science.
> 2°) Accepter la responsabilité, éviter la victimisation, l'apitoiement sur soi et le fait de blâmer autrui.
> 3°) Adopter des changements sélectifs, cesser de copier servilement l'inaction des autres nations, pratiquer des ruptures paradigmatiques.
> 4°) Développer la coopération internationale.
> 5°) S'inspirer des nations qui innovent dans la santé, l'environnement, l'éducation, l'immigration, le système carcéral ou celui des retraites.
> 6°) Développer un sentiment de fierté nationale, d'identité nationale, compatible avec la vérité historique, développer un « mythe » national qui s'appuie sur un discours critique de vérité, qui fait face à ses manquements non pour s'en disculper, mais pour défendre une identité plus inclusive, susceptible de réconcilier la nation, du moins de produire une cohésion nationale autour de récits plus partagés.
> 7°) Pratiquer l'autoévaluation honnête, qui repose sur la qualité des informations partagées, leur caractère scientifique par exemple, sans les instrumentaliser.
> 8°) Améliorer les retours d'expérience, bénéficier de l'expérience des crises antérieures, non seulement en accumulant les savoirs expérimentés pendant la crise, mais également en ayant mis en place des protocoles de résilience et de rétablissement de la confiance par l'action.
> 9°) Apprendre la patience, ne pas craindre l'échec national, essayer, expérimenter encore et encore car les crises sont complexes, les solutions demandent du temps et de l'ingéniosité. Développer une tolérance collective et individuelle à la frustration.
> 10°) Développer quelques compétences ou aptitudes de psychologie individuelle et sociale, telles que la flexibilité, le dépassement de la psychorigidité.

---

21. *Ibid.*, p. 357-390. Cet encadré présente une reformulation, plus synthétique, des propositions de Diamond. Il est intéressant de noter que Diamond valorise l'inscription territoriale, donc nationale, pour élaborer un cadre critique et opérationnel, en contexte anthropocénique. La dimension globale n'est pas la dimension « terrienne », comme nous l'a enseigné Bruno Latour. Dès lors, c'est nécessairement en conceptualisant à nouveaux frais les territorialités et les identités locales qu'il sera possible d'envisager un lien résilient, critique, avec les mécanismes de production, de consommation, d'exploitation des ressources liées à la mondialisation.

> 11°) Comprendre la spécificité des valeurs fondamentales d'un pays pour mieux élaborer la stratégie des changements sélectifs, et leur adoption par le plus grand nombre.
> 12°) Analyser les contraintes qui empêchent le changement : de même que les individus subissent des contraintes extérieures les empêchant de changer (difficultés économiques, responsabilité d'autrui, danger physique), les pays peuvent également se retrouver piégés dans des relations géopolitiques inégalitaires et des limitations économiques.

Diamond est un fervent défenseur de la « crise » comme *kairos* à saisir pour enclencher des changements paradigmatiques. Ainsi cite-t-il l'ironie mordante de Samuel Johnson, typique des Lumières britanniques : « La perspective de la pendaison concentre merveilleusement l'esprit[22]. » La réalité des comportements humains – et notamment de leur système motivationnel – se révèle pourtant moins agile que la description faite par l'un des grands spécialistes de Shakespeare. La crise comme levier ou la régulation par la catastrophe sont efficaces si l'espérance d'une issue plus favorable que la situation actuelle est identifiée par les parties prenantes. Personne ne contracte contre soi-même. Tant que le fardeau du changement peut être assumé par un autre, l'individu aura tendance à déléguer sa responsabilité à autrui. S'il est aisé d'identifier les raisons dudit changement, il est en revanche extrêmement complexe de définir à l'avance la nature de tel ou tel déclic, ce qui sera désormais considéré comme inacceptable, alors qu'à l'instant *t-1*, la chose était encore jugée possible. Telle est la complexité des temporalités humaines, qu'elles soient individuelles ou collectives : il ne faut qu'une seconde pour changer, mais il faut parfois une vie pour produire cette seconde.

Dans un entretien du 11 mai 1992, Hans Jonas revenait sur ce trait caractéristique de la majorité des humains consistant à ne rien faire tant qu'une menace n'est pas identifiée personnellement,

---
22. *Ibid.*, p. 379.

même si la nécessité du changement est considérée comme juste[23]. À le lire, il est possible de définir l'indignité d'une société dans ce refus du changement nécessaire, qui préfère risquer l'involution et la chute dans un « nouveau primitivisme ». Autrement dit, se comporter de façon indigne revient à choisir délibérément l'involution parce que les efforts nécessaires pour produire l'évolution sont jugés trop conséquents pour soi-même, ou encore transférables sur autrui.

En utilisant l'événement pandémique comme levier de connaissance et potentiellement d'action, Bruno Latour a concocté un questionnaire[24] à l'intention des citoyens pour les inviter à délimiter les nouvelles limites du tolérable, de l'indigne, et des valeurs constitutives du monde d'après, judicieusement intitulé « un outil pour aider au discernement[25] ». L'indignité n'est donc pas une fatalité, mais plutôt la fabrique sociale d'une situation inextricable par perpétuation de l'apathie collective, laquelle peut reposer sur une caractéristique psychologique. C'est, du reste, cette tendance « naturelle » (totalement culturelle) au non-effort, à la non-prise en compte d'un intérêt un peu moins individualiste, ou plutôt trop peu centré sur le long terme, qui fait craindre à Hans Jonas la très grande difficulté d'élaborer des méthodes consensuelles et majoritaires de transformation commune, face à la très grande facilité de recourir à des procédés plus autoritaires ou antidémocratiques.

---

23. Entretien avec Matthias Matussek et Wolfgang Kaden pour *Der Spiegel*, 11 mai 1992. Voir Hans Jonas, *Une éthique de la nature*, Paris, Arthaud poche, 2017, p. 33.
24. Bruno Latour, « Imaginer les gestes-barrières contre le retour à la production d'avant-crise », *AOC*, mars 2020, URL : https://aoc.media/opinion/2020/03/29/imaginer-les-gestes-barrieres-contre-le-retour-a-la-production-davant-crise/.
25. *Ibid.* : « Il s'agit de faire la liste des activités dont vous vous sentez privés par la crise actuelle et qui vous donne la sensation d'une atteinte à vos conditions essentielles de subsistance. Pour chaque activité, pouvez-vous indiquer si vous aimeriez que celle-ci reprenne à l'identique (comme avant), mieux, ou qu'elle ne reprenne pas du tout. Répondez aux questions suivantes : Question 1 : Quelles sont les activités maintenant suspendues dont vous souhaiteriez qu'elles ne reprennent pas ? Question 2 : Décrivez a) pourquoi cette activité vous apparaît nuisible/superflue/dangereuse/incohérente ; b) en quoi sa disparition/mise en veilleuse/substitution rendrait d'autres activités que vous favorisez plus faciles/plus cohérentes ? (Faire un paragraphe distinct pour chacune des réponses listées à la question 1). » Le questionnaire se poursuit selon le même format, pour les questions suivantes. Il peut être très utile pour configurer ce que serait une politique de la dignité, posant les nouvelles conditions matérielles de celle-ci.

Pour autant, il n'a pas renoncé à convoquer l'intelligence et l'analyse des controverses pour produire un agir politique qui saurait prendre en considération la participation des individus, malgré leurs tendances à privilégier leurs intérêts particuliers.

Chapitre 6

DE L'INDIGNATION À LA DIGNITÉ EN ACTION

Cette récente décennie a vu la convocation émotionnelle comme premier acte politique et moral : en 2010, Stéphane Hessel faisait paraître un manifeste, *Indignez-vous !*, qui posait ce dégoût éthique comme premier fait d'armes. Le texte n'invite nullement à se satisfaire de ce cri, mais il définit de manière plus extensive l'action politique, en permettant à quantité d'individus qui ne sont pas nécessairement issus des partis politiques de s'engager et de se considérer comme parties prenantes de la transformation. La technique, qui n'est pas nouvelle – c'est l'autre nom de l'opinion publique, du moins quand elle est convoquée du côté de sa contestation – a été régulièrement, et activement, utilisée par la société civile, notamment dans les campagnes de *name and shame*[1].

Forces et limites des rhétoriques de l'indignation

L'indignation a cette caractéristique d'être une rhétorique de non-spécialiste, qui se situe aux confins du politique et de la morale, sachant brouiller les frontières pour mieux déstabiliser la parole politique comme celle des médias. L'indignation prend

---
1. Voir également Jean-Philippe Pierron, « L'indignation », *Études*, vol. 416, 2012/1, p. 57-66, qui revient sur les différentes manifestations, depuis l'appel de l'abbé Pierre en 1954, invoquant l'indignation comme cri commun de ralliement politique et moral : Printemps arabe sur la place Tahrir au Caire ou à la Puerta del Sol à Madrid, les indignés contre « le monde de la finance »... Depuis, le mouvement s'amplifie avec les marches du climat, ou celles du mouvement Black Lives Matter.

la main sur la bataille de l'opinion et des émotions comme voie directe vers l'action et la décision politiques. C'est une manière de confisquer le débat, en empêchant l'argumentation de s'y déployer, en rejetant la nuance, en utilisant l'anathème pour binariser les positions, une manière de créer des sentiments conjoncturels, mais tenaces, d'appartenance, et surtout de stigmatiser des positions jugées jusqu'alors légitimes, mais désormais délégitimées par l'inversion de la stigmatisation.

L'*indignation* se veut être la rhétorique la moins contestable du droit à la dignité, par le fait qu'elle est la preuve de son déni. Elle « incarnerait » émotionnellement l'absence de dignité. Jean-Philippe Pierron a raison lorsqu'il rappelle que l'indignation n'est pas l'émotivité de « l'homme compassionnel », mais une technique sommaire de classification des individus en fonction de leur capacité de s'indigner face à telle ou telle question. Dès lors, s'indigner équivaut à se réclamer de la même communauté d'indignation, à valider par le « cri » son appartenance à celle-ci, et *de facto*, à enclencher les phénomènes de rejet, de sanction, de réaction, suscités par celle-ci. On ne peut donc pas s'indigner à mi-chemin. S'indigner oblige à prendre le tout, à ne plus faire de distinguo, à refuser l'acte du discernement. Du moins est-ce la volonté de ceux qui veulent user de la technique d'indignation. Cette dernière a bien pour agenda premier de court-circuiter les voies classiques de la représentation et de la décision politiques. Le but est de produire un circuit court vers la transformation politique :

> L'indignation, c'est aussi la sainte colère en régime sécularisé. [...] Au-delà de la norme morale, elle vise ce qu'a de fondamental la vulnérabilité qui oblige. Sans doute est-ce pour cela que l'indignation porte une dimension translocale et transpartisane, donnant une impression d'apolitisme qui se méfie des formes instituées (partis, institutions, syndicats, etc.) de répliques au mal, au nom d'une revendication d'authenticité[2].

---

2. *Ibid.*, p. 60.

Pierron convoque alors Paul Ricœur, qui décrit les liens sourds entre dignité, indignation et honneur.

> J'aimerais mettre à une place d'honneur un sentiment fort, tel que l'indignation, qui vise en négatif la dignité d'autrui aussi bien que la dignité propre ; le refus d'humilier exprime en terme négatif la reconnaissance de ce qui fait la différence entre un sujet moral et un sujet physique, différence qui s'appelle dignité, laquelle dignité est une grandeur estimative que le sentiment moral appréhende directement[3].

Dans cette définition et cette topographie de la dignité, Paul Ricœur ne développe pas plus explicitement la dialectique, très controversée, entre l'indignation et l'honneur, voire la colère. La dignité n'est nullement l'honneur ; réduite à ce seul sentiment pulsionnel et culturel, elle perdrait son universalité. Pour autant, interpellée par le biais de l'indignation, les frontières de la dignité avec l'honneur, la fierté (*pride*), l'amour-propre, deviennent plus poreuses. Il n'est en effet pas simple d'instrumentaliser l'indignation, dans la mesure où elle se définit précisément par le fait d'être sa propre finalité. Normalement, celui qui s'indigne ne peut – par définition – avoir recours à l'indignation comme moyen – cela dénaturerait le caractère définitif de l'indignation. On s'indigne parce qu'il n'est plus possible de faire autrement, parce qu'une limite intolérable est franchie. Dès lors, il n'est nullement aisé d'entreprendre, au-delà de ce point, une négociation. L'indignation rend logiquement impossible la négociation, et notamment la négociation politique. Il n'est donc nullement aisé d'utiliser – au sens politique du terme – l'indignation sans mettre à mal et la qualité d'authenticité de ce sentiment, et la qualité de pertinence d'une décision politique. L'indignation est un fusil à un coup.

---

3. Paul Ricœur, « De la morale à l'éthique et aux éthiques », *Le Juste 2*, Paris, Éditions Esprit, 2001, p. 59 ; cité par Jean-Philippe Pierron, « L'indignation », art. cité, p. 61.

Le théâtre de l'indignation

Les « marches de la dignité » ne relèvent donc pas de l'indignation au sens strict du terme, mais d'un théâtre de l'indignation, où il s'agit de renverser ce qui était jusqu'alors légitime culturellement pour établir de nouvelles normes de vie et de décision politiques. Les « marches » cherchent à incarner une forme de transitivité de l'indignation, au sens où l'entend Viktor Frankl lorsqu'il convoque le « caractère transitif » de la souffrance, autrement dit l'idée que la souffrance peut « servir » à quelque chose et n'être pas uniquement subie par le patient. Chacun est appelé à jouer un rôle précis, à mettre en scène son indignation, à provoquer d'autres dramaturgies, à élaborer une sorte de proto-consensus, et comme il y a théâtre, il est aussi d'impératif que certains soient maintenus dans le rôle de spectateurs, presque de voyeurs, pour activer le risque de la honte, car si tout le monde était à l'action, l'effet cathartique serait moindre, et surtout l'inversion de la stigmatisation inopérante. Le théâtre de l'indignation n'est donc pas une simple sollicitation des émotions individuelles d'indignation, mais l'instance d'ajustement d'émotions individuelles qui doivent s'homogénéiser pour devenir plus lisibles, plus efficaces politiquement parlant. C'est la version utilitariste de l'indignation : inauguralement morale, elle doit devenir une « force », un vecteur, un mouvement, au mieux une action orientée, au pire une réaction qui produira un rejet massif. Dans le théâtre de l'indignation, si les émotions sont d'abord convoquées pour produire un arrêt, une sidération, elles se veulent très vite « performatives », ce qui traditionnellement relève de l'apanage du « dire ». Les travaux de l'historien William Reddy, en prenant appui sur ceux d'Austin, ont insisté sur cette dimension performative de l'émotion, et notamment sur l'origine « révolutionnaire » de l'émotion comme outil politique[4]. Non qu'il n'y ait pas eu, avant les révolutions

---

4. William M. Reddy, *La Traversée des sentiments. Un cadre pour l'histoire des émotions, 1700-1850* (2001), trad. de l'anglais par Sophie Renaut, Dijon, Les Presses du Réel, 2019.

démocratiques américaine et française, d'utilisation politique de l'émotion, Rome et Athènes pouvant grandement témoigner du rôle joué par la compassion dans l'espace public et de son lien avec le sacré. Mais l'« indignation civique » comme sentiment citoyen – qui n'est pas éloignée de la future désobéissance civile – est un enfant de la démocratie naissante [5].

Reddy a également parfaitement montré que le sentimentalisme révolutionnaire n'est pas à l'abri de dérives essentialistes [6]. Tout est affaire de nuance, de degré, de sens de la limite. Oui, la liberté du régime émotionnel est l'autre nom d'un bien-être pour les individus dans une société, car elle permet une « libre » traversée des émotions, sans trop chercher à les empêcher par un contrôle strict, voire conservateur. Pour autant, un régime émotionnel sans limites serait purement « débordant » et mettrait en danger la société tout entière : « La fin de la Terreur marque l'échec d'un système où le gouvernement devant reposer sur l'expression de sentiments naturels, chacun finit par être considéré comme un traître [7]. » De l'« indignation civique », encore compatible avec un geste citoyen non violent, à la légitimité de tous les actes de violence par le « peuple indigné », il n'y a qu'un pas, que la Révolution française franchit aisément. Dès lors, la vengeance

---

5. « Cœurs purs, vertu généreuse, caractères brûlants, ardeur républicaine, indignation civique : ceci comptait plus que n'importe quelle considération liée à la politique, à la stratégie, à l'approvisionnement, à la force de telle ou telle faction ou à l'issue probable des votes. On n'y trouve aucun terme d'alliance, de manœuvre ou de compromis. Philippeaux souscrivait à la sagesse dominante qui guidait les hommes depuis la nuit du 4 août 1789 : la politique était affaire d'émotions. La bonne politique était celle qui était prônée par une ardeur de liberté », W. Reddy, *La Traversée des sentiments. Un cadre pour l'histoire des émotions*, *op. cit.*, p. 245.
6. Voir également les travaux de François Furet, selon lequel la « terreur » n'est pas « extérieure » à la Révolution, mais intrinsèque, au sens où elle fait partie de l'idéologie de la Révolution et ne relève pas de la théorie des « circonstances ». C'est là où le recours à l'indignation peut cesser d'être « civique », pour relever de l'« épuration », au nom du caractère non négociable de la dignité, et de la violence subie par les vies rendues indignes.
7. Paula Cossart, compte rendu du livre de W. Reddy paru dans la *Revue d'histoire moderne & contemporaine*, n° 52-1, 2005/1, p. 237. Voir également les travaux de Sophie Wahnich, éloquents sur l'économie émotive de la Terreur : « Loin de considérer que la Terreur repose sur une dynamique d'économie narrative, c'est-à-dire une circulation de discours de plus en plus radicaux qui suscitent le passage à l'action violente, nous estimons qu'elle s'appuie sur une économie émotive relevant du sacré et de la vengeance comme institution effectivement fondatrice » (Sophie Wahnich, « De l'économie émotive de la Terreur », *Annales. Histoire, Sciences Sociales*, n° 57, 2002/4, p. 889-913).

se définit comme « éthique », expiatoire, seule action capable de rendre justice au peuple qui a de tout temps subi l'usurpation.

Ces thèmes du « peuple indigné[8] », du « peuple en colère » ou encore de « l'honneur d'un peuple », de « la fierté d'un peuple », montrent bien comment la convocation de la dignité et de l'indignation permet au peuple de s'inscrire dans un régime émotionnel, seul garant de ses droits. Il est intéressant de noter que dans le contexte « naissant » de la démocratie, l'émotion et la raison sont les deux seules manières de revendiquer des droits par ailleurs inexistants dans la réalité sociale. Mais ce régime émotionnel de la dignité prouve, hélas, très rapidement, ses excès, en sacralisant la vengeance, en adoubant la Terreur, soit « l'usage par le peuple de la vengeance souveraine[9] ». Plus la dignité relève de cette économie émotionnelle, plus elle associe la souveraineté d'un peuple à la violence, à la bouc-émissarisation de certains individus identifiés comme ennemis de ce peuple. Le Comité de salut public est l'institutionnalisation de la « vengeance souveraine », sous couvert de sûreté et d'ordre publics. Car la Terreur n'est pas le débordement incontrôlable du peuple, mais une forme terrible, protocolaire, de violence irréversible à l'égard de ceux qui sont désignés comme ennemis. Même si la Terreur se définit comme le droit à la violence que se donne le peuple indigné – et non comme les exactions particulières de certains individus qui confondraient vengeance personnelle et vengeance publique historique –, elle est insoutenable comme régime politique et moral et falsifie toute conception de la dignité, en faisant basculer cette dernière du côté de l'honneur et de ses codes dangereux.

En apparence honneur et dignité se recoupent. Mais en apparence seulement, dans la mesure où les sociétés de l'honneur sont

---

[8]. L'expression est de Robespierre, que Sophie Wahnich cite dans son article : « Les magistrats pouvaient-ils arrêter le peuple ? Car c'était un mouvement populaire, et non la sédition partielle de quelques scélérats pour assassiner leurs semblables. [...] Que pouvaient les magistrats contre la volonté déterminée d'un peuple indigné [...] » (Robespierre, Convention nationale, 5 novembre 1792 : Réponse à l'accusation de Jean-Baptiste Louvet, AP, t. 53, p. 162), voir « De l'économie émotive de la Terreur », art. cité., p. 902.
[9]. *Ibid.*, p. 903.

précisément des sociétés où le droit à la dignité n'existe pas. Si ce dernier a été défini de façon inaliénable, c'est précisément aussi pour s'extraire du régime de l'honneur, obligeant l'individu à vérifier sans cesse si cet honneur a été bafoué ou respecté. La dignité inaliénable de l'individu le protège de cette charge de la preuve de son honneur (ou de sa dignité), car celle-ci lui est intrinsèque, et non destituable. Un individu, quelle que soit la situation dans laquelle il se trouve, ne perd jamais sa dignité, d'où la nécessité de rappeler que dignité symbolique et dignité matérielle ont toutes deux leur efficience : quand les conditions matérielles de dignité sont absentes, l'individu ne perd nullement sa dignité, symbolique. Certes, il est impératif de ne pas s'en contenter, et de chercher toujours à obtenir les conditions réelles, matérielles, de la vie digne ; mais cette réalité symbolique, principielle, de la dignité en tant que telle de l'individu, reste néanmoins une valeur extrêmement protectrice des processus de subjectivation et de constitution des personnes.

Honneur et *dignitas* : le retour de la *di-fama*

Dans les sociétés qui valorisent l'honneur, cette dignité symbolique est totalement caduque, insignifiante, sans force opératoire pour l'individu et la société. Quitter la sphère de l'honneur pour celle de la dignité, sans chercher à les assimiler, demeure donc un progrès essentiel pour les sociétés. La dignité, en tant qu'universel inaliénable, est un concept libérateur, autonome, « autoporté », dans la mesure où il ne vaut que par lui-même. Il desserre les liens, pour ne pas dire les nœuds, dans lesquels l'individu est prisonnier. À l'inverse, « les qualités d'honneur sont un miroir de la notabilité [...]. L'honneur de soi est probité mais aussi réputation ou renommée : ainsi n'existe-t-il qu'au travers du regard des autres [10] », autrement dit, l'honneur n'a de sens qu'à

---

10. Michel Heichette, *Société, sociabilité, justice : Sablé et son pays au XVIIIe siècle*, Rennes, Presses universitaires de Rennes, 2005, p. 180. L'historien a consacré sa thèse (2002) à la

l'intérieur du panoptique normatif et sociétal, ce qui le rend extrêmement vulnérable aux potentielles atteintes d'autrui. L'honneur est sous tutelle, là où la dignité est irréductible ; le rapport à soi ne se situe donc pas au même endroit : l'un est piégé dans le jeu social, instrument du patriarcat et du virilisme, l'autre relève du solipsisme et renvoie à la grammaire des Lumières. C'est donc par une terrible et triste ironie, indissociable d'un contresens, que la conception de la dignité s'assimile parfois à l'honneur : croyant se « matérialiser », elle se rend plus vulnérable encore, en s'imposant le réquisit de la charge de la preuve. Pour la dignité, il n'y a aucun déshonneur possible. Les travaux de Michel Foucault, lorsqu'il décrit le critère de la « vie cynique », le montrent parfaitement : le cynique peut même rechercher le « déshonneur » pour rappeler à quel point il ne sera jamais soumis à sa « norme », et que sa dignité, en tant que personne, est irréductible. Aucune humiliation ne peut la destituer, car toute idée d'humiliation ne vaut que pour celui qui croit pouvoir humilier autrui sans s'humilier lui-même. L'*adoxia* n'est pas uniquement la « mauvaise réputation », ou le « déshonneur », c'est plus littéralement la « vie dépouillée » de celui qui se libère des codes sociaux dominants.

> On en a un exemple dans l'anecdote de Diogène qui, ayant reçu un coup de poing sur la tête, ou un coup de bâton […], refuse de répondre. Ce n'est pas une question d'honneur. Il dit : la prochaine fois je mettrai un casque. Car le coup n'est rien d'autre que le coup, et tout le déshonneur censé accompagner cette situation – on reçoit un coup – n'a aucune importance et littéralement n'existe pas. Donc : indifférence à l'égard de toutes ces situations d'humiliation, et même recherche active des situations d'humiliation, parce qu'il y a d'abord ce côté d'exercice, de réduction des opinions, et aussi le fait qu'on va pouvoir, à l'intérieur de cette humiliation acceptée, retourner en quelque sorte la situation et en reprendre le contrôle [11].

---

sensibilité collective du XVIIIe siècle, et notamment comment le « sens de l'honneur » structure les relations sociales.
11. Michel Foucault, *Le Courage de la vérité. Le gouvernement de soi et des autres II, Cours au Collège de France, 1984*, Paris, Éditions de l'EHESS/Gallimard/Seuil, 2009, p. 241.

À ce titre, la notion de dignité est liée au courage de la vérité comme défini chez Foucault, à ce « pacte parrêsiastique » qui réside au fondement de la démocratie, car le logos garde sa dignité performative à la condition de n'être pas strictement sophistique. La revendication cynique de la « vie non dissimulée » peut s'offrir une nouvelle interprétation compatible, avec celle des éthiques du *care* refusant l'invisibilité des vies les plus vulnérables. Même si le cynique grec défend la posture autarcique et indépendante, il prend le risque assumé de tomber dans la pauvreté absolue et l'état de dépendance, et partage ainsi le destin des vulnérables modernes qui connaissent bien cette possibilité de conjuguer l'irréductible de la dignité humaine avec la misère matérielle et dangereuse pour le sujet. Derrière le « courage de la vérité » foucaldien s'érige un courage de la dignité, au sens où ces deux notions partagent le même « dépouillement », la même simplicité, le même réquisit d'émancipation, au sens de désaliénation par rapport aux normes dominantes.

À l'inverse, parce qu'elle flirte trop avec la rhétorique de l'honneur, la rhétorique de l'indignation s'est mue en rhétorique de l'hostilité, croyant défendre le pacte parrêsiastique alors même qu'elle revêt une dimension calomnieuse, voire diffamatoire, explicite. Il est d'ailleurs logique que dans les temps de régime médiatique de la *dignitas*, l'atteinte à la réputation se révèle un risque substantiel pour les individus. Ce ne sont pas uniquement les lieux du « faire » qui viennent consolider la réputation, la notoriété, la reconnaissance des individus, mais corrélés ou non, les régimes de visibilité tels qu'on les trouve dans les médias, et plus encore dans les réseaux sociaux. Les travaux de Nathalie Heinich ont parfaitement montré comment le « capital de visibilité [12] » définit désormais les nouvelles élites sociales.

---

12. Nathalie Heinich, *De la visibilité. Excellence et singularité en régime médiatique*, Paris, Gallimard, coll. « Bibliothèque des sciences humaines », 2012, p. 42-52. La « visibilité » est un nouveau capital social, au sens bourdieusien du terme, qui possède toutes les caractéristiques du capital économique : mesurable, accumulable, transmissible, rapportant des intérêts et convertible. Il est par ailleurs constitutivement circulaire et autoconstituant.

Ici, il ne s'agit nullement de porter atteinte à la dignité humaine comme valeur intrinsèque. Il s'agit, à l'inverse, de louanger ou de porter à la vindicte la *dignitas* en tant que « valeur publique », « statut » supposé de la personne, de porter la dignité en tant que norme sociale et non ontologique. Si les réseaux sociaux sont devenus prioritairement des lieux de pouvoir, avant même d'être des lieux de communication, c'est précisément parce qu'ils organisent le phénomène de normalisation et d'évaluation des *dignitas*. C'est le nouvel outil comptable, mesurable, des « valeurs » et des « mérites » publics, ou plutôt publicisés. Dès lors, le langage devient l'outil le plus à même de mettre en danger la *dignitas* d'un individu, simplement en déployant sa possibilité d'hostilité ou d'humiliation. C'est le retour de la *fama communis* ou *publica* comme outil de régulation sociale et morale par les communautés, ou plus spécifiquement de la *di-fama*, autrement dit du risque – de plus en plus probable – d'une atteinte à la réputation par des campagnes communicationnelles d'une rare violence et efficacité. Nul ne peut nier la « cinétique » d'un tel procédé numérique. Hostilité du langage et viralité algorithmique sont aujourd'hui la combinaison la plus détestable, mais la plus redoutable, pour porter atteinte à la dignité d'une personne, par le biais d'une atteinte à sa *dignitas* plus statutaire.

    L'atteinte par le langage n'est donc pas à sous-estimer tant ses dommages sont immenses pour la vie sociale et psychique des individus, dans un monde où le régime panoptique fonde tous les codes sociaux et moraux. La dégradation par la parole est devenue un risque très probable, non seulement pour les plus « connus », mais aussi pour les citoyens ordinaires, sur lesquels elle agit comme un vieil outil de « régulation », c'est-à-dire de contrôle. Traditionnellement, la femme a toujours été l'objet de la diffamation par le langage, indépendamment de la violence physique. Elle a toujours vécu sous la menace des coups physiques, mais également sous celle d'une mise à mort symbolique, par l'atteinte à sa réputation par le langage. La sociologie a d'ailleurs considéré l'étude de la « rumeur » comme un des objets essentiels de sa discipline, tant elle définit les rapports de pouvoir et d'autorité entre les individus. La modernité, avec l'urbanisation et l'ouverture sur le monde, avait quelque peu tempéré cette puissance qui consiste à déshonorer de façon arbitraire la liberté d'un autre, jugée socialement trop souveraine. En produisant, de façon parallèle aux sociétés, une société de verre, panoptique, permanente et globale, sans issue, les individus ont créé, consciemment et inconsciemment, un outil de contrôle démiurgique : il est autoréférentiel en termes de normes sociales, chacun sous l'œil de chacun réduisant, par une rivalité mimétique conformiste, son périmètre de liberté. Au cœur de ce dispositif, le langage, ou plutôt un usage fasciste du langage, tel que théorisé par Roland Barthes : un langage qui n'est pas au service de la symbolisation, mais à l'inverse, réduit à l'insulte, ou à la stigmatisation, ou à la dénonciation, ou au débordement émotionnel, autrement dit tout ce qui « ferme », et clôt la société sur elle-même dans le but de classer les individus, de produire de nouvelles hiérarchies et d'autres rapports de force. Fonction fasciste de la langue donc, parce qu'elle produit une désymbolisation et utilise le langage exclusivement à des fins de domination, et non d'émancipations réciproques. Certes, les réseaux sociaux sont des arènes de reconfiguration des pouvoirs en place, mais ils produisent une très grande entropie démocratique, alors même qu'ils pourraient contribuer à l'amenuiser [13].

---

[13]. Nul ne peut nier la dynamique régulatrice, au service d'une meilleure redistribution des biens et d'une répartition plus équitable des responsabilités, de la parole parrêsiastique au sens où elle tente, à ses risques et périls, de dire un peu de vrai d'une situation notamment injuste, ou illégitime. Il n'est donc nullement aisé de définir la juste place du curseur entre une parole dite régulatrice et une autre qui ne serait que le faux nez de la violence. Il est important de rappeler qu'il existe un phénomène inéquitable, bien analysé depuis Marx et Simmel, jusqu'à Bourdieu, concernant le *super additum* de la richesse, autrement dit, ce surcroît d'autorité et de dignité adjoint au capital, cette forme d'*unearned profit* qui fait que « le riche jouit de privilèges qui dépassent le bénéfice de ce qu'il peut se procurer avec son argent. Avec lui, le vendeur commerce plus sûrement et à meilleur marché qu'avec le pauvre, et tout un chacun, y compris celui qui ne profite pas de sa richesse, le traite avec plus de prévenance – il plane autour de lui une sphère idéale de considération qui va sans dire » (Georg Simmel, *Philosophie de l'argent* (1900), Garnier-Flammarion, 2009, p. 80-81). Dès lors, la capacité langagière de destitution du privilège indu serait, pour certains, un juste retour de balancier, et la possibilité de détruire la sphère de considération,

L'éthique du *care* : comment agir dignement

Si l'éthique du *care* peut sortir du piège de l'indignation, c'est parce qu'elle demeure une théorie de l'action et qu'elle veille à ne pas réduire ses « actes » à la seule dénonciation émotionnelle. La philosophie du « soin », souvent taxée de sentimentalisme et d'un rapport à la réalité trop peu pragmatique, défend à l'inverse le parti pris de l'agir indissociable de la production de relations dignes interpersonnelles. *Agir* et *se conduire dignement* tentent de s'articuler de la façon la plus créatrice possible. Autrement dit, l'éthique du *care* sait user de l'indignation comme levier pour mettre en mouvement les individus. Elle sait aussi s'extraire des réflexes mortifères de l'indignation qui, sous couvert de radicalité expiatoire, peut se satisfaire d'elle-même.

Les éthiques du *care* ont à cœur de définir une politique de la dignité, conçue à partir d'une clinique de la dignité, et fondée sur une conception relationnelle de la dignité, dans la mesure où il n'y a pas de dignité sans développement de relations dignes entre les sujets. Dans cette optique, Joan Tronto est un auteur clé pour montrer comment la vérité du politique se situe dans le soin, au sens de la promotion de relations capacitaires pour les individus. Aussi, pour retrouver une confiance dans le politique et ne pas l'assimiler aux luttes picrocholines politiciennes, il est essentiel de refonder la politique par le soin qu'elle procure aux personnes – principalement par les actions d'éducation, de santé et de culture, qui sont au cœur de l'émancipation des sujets. Si les conditions matérielles de la vie digne sont absolument déterminantes pour le bien-être du sujet, il faut rappeler que ces conditions ne peuvent nullement être antinomiques du sens donné par le sujet lui-même. Autrement dit, le sujet se développe sainement si la matérialité dont il peut bénéficier n'est pas orthogonale à ces valeurs et définitions du sens de la vie. À défaut, cette matérialité

---

jusqu'alors évidente. Il faudrait cependant être bien candide pour supposer un usage purement équitable de cet instrument.

vidée d'une signification digne pour le sujet sera synonyme d'aliénation et de réification.

En faisant référence à Tronto, qu'entendons-nous par relations dignes entre les individus ? Précisément celles qui reconnaissent le rôle et la nécessité de la place de chacun dans la consolidation de l'autonomie personnelle. Pour me constituer en tant que sujet autonome, digne de ce nom, j'ai pu bénéficier de dépendances insérées dans un jeu relationnel digne interpersonnel. Si l'éthique du *care* prend souvent comme point d'appui de sa théorie le point de vue du plus vulnérable, elle considère aussi que son enjeu est la préservation de la qualité des relations en présence. Certes, il ne s'agit pas de produire des consensus mous et finalement plus conservateurs qu'il n'y paraîtrait, mais il s'agit de ne pas être dupe de l'invisibilité des interactions individuelles, et de leur rôle déterminant dans la consolidation d'un sujet.

Tel est, par exemple, le projet de la société conviviale d'Ivan Illich, à savoir toujours veiller à ne pas désarticuler les processus de production et de consommation et la consolidation des qualités relationnelles et organisationnelles. Autrement dit, un système de production et une croissance économique qui ne viendraient pas augmenter la convivialité d'une société seraient destitués en tant que tels, la convivialité n'étant ici que l'autre nom du bien-être humain, au sens que lui donne l'Organisation mondiale de la santé (OMS). La convivialité chez Illich n'est que l'autre nom d'un programme social, politique et culturel, qui met en scène quotidiennement, dans la vie des individus et des industries, cet « agir » dignement, autrement dit le désir de rendre les relations entre individus concrètement dignes : « Une société conviviale est une société qui donne à l'homme la possibilité d'exercer l'action la plus autonome et la plus créative, à l'aide d'outils moins contrôlables par autrui[14]. »

Dans cette définition, la conception de la dignité est du côté d'un pouvoir d'agir, d'un « faire » libre, non soumis à l'arbitraire

---

14. Ivan Illich, *La Convivialité* (1973), préface d'Hervé Kempf, Paris, Points, coll. « Points Terre », 2021, p. 43.

d'autrui, et susceptible de s'extraire du panoptique ambiant. Illich définit alors une société postindustrielle et conviviale, qui saurait élaborer un « outil convivial » au service de relations dignes entre les individus dans le monde du travail.

> *L'outil est convivial* dans la mesure où chacun peut l'utiliser, sans difficulté, aussi souvent ou aussi rarement qu'il le désire, à des fins qu'il détermine lui-même. L'usage que chacun en fait n'empiète pas sur la liberté d'autrui d'en faire autant. Personne n'a besoin d'un diplôme pour avoir le droit de s'en servir ; on peut le prendre ou non. Entre l'homme et le monde, il est conducteur de sens, traducteur d'intentionnalité [15].

Ce qu'Illich nomme « outil convivial » ressemble grandement aux outils dits de licence libre, gratuits, utilisables – et optimisables – par chacun. Tous ceux qui, aujourd'hui, défendent les *creative commons*, l'*open science* et l'*open technology*, le hacking social, sont des « conviviaux » au sens d'Illich. Ils ne font que restituer au plus grand nombre des outils conçus – en partie non négligeable – par les systèmes sociaux et publics.

> L'outil est inhérent à la relation sociale. Lorsque j'agis en tant qu'homme, je me sers d'outils. Suivant que je le maîtrise ou qu'il me domine, l'outil me relie ou me lie au corps social. Pour autant que je maîtrise l'outil, je charge le monde de mon sens ; pour autant que l'outil me domine, sa structure me façonne et informe la représentation que j'ai de moi-même. L'outil convivial est celui qui me laisse la plus grande latitude et le plus grand pouvoir de modifier le monde au gré de mon intention [16].

Lorsque Illich défend le dépassement de la société industrielle, il ne veut pas nécessairement le dépassement de l'industrie, au sens de système de production, puisque celui-ci est inhérent au développement du bien-être des sociétés, mais il souhaite

---

15. *Ibid.*, p. 45.
16. *Ibid.*, p. 44.

un dépassement de la manière de penser l'industrialisation, non seulement dans son rapport avec le vivant, mais également dans les rapports sociaux qu'elle instaure entre les machines et les individus, et entre les individus eux-mêmes. « L'outil industriel me dénie ce pouvoir ; bien plus, à travers lui, un autre que moi détermine ma demande, rétrécit ma marge de contrôle et régit mon sens. La plupart des outils qui m'environnent aujourd'hui ne sauraient être utilisés de façon conviviale [17]. » Proposer un usage convivial des outils n'équivaut pas à nier tous les principes de la société capitalistique, mais simplement à la réguler, en permettant un seuil non négociable de convivialité, autrement dit, de libéralisation (déprivatisation) des outils industriels, et en permettant également de multiplier les approches *commons*, d'instaurer un nouvel âge social des innovations techniques et scientifiques.

Certes, la conception d'Illich est indissociable de la mise en place d'une croissance sobre, mais elle définit la convivialité à partir de la délibération collective autour des limites assignées à la croissance. Illich et Latour se rejoignent, car l'« outil d'aide au discernement » latourien est assurément convivial. Pour autant, il y a chez Illich une radicalité étrangère à Latour, et qui peut donner lieu à des interprétations dommageables. Prenons le cas de son livre *Némésis médicale* [18]. Dans un premier temps, personne ne manquera de souligner la pertinence d'une dénonciation de la surmédicalisation de la vie, d'un manque de partage du savoir médical et scientifique, d'une alliance thérapeutique encore trop faible (nous sommes dans les années 1970). Il est intéressant de noter que les humanités médicales pourraient, en apparence, trouver en Illich un point d'appui, et une manière de politiser leur discours en l'ouvrant à d'autres territoires que celui du monde professionnel de la santé. Mais la position d'Illich devient intenable lorsque, dans un deuxième temps, il appelle à la fermeture des facultés

---
17. *Ibid.*, p. 44.
18. Ivan Illich, *Némésis médicale. L'expropriation de la santé* (1974), Paris, Fayard, 2003, rééd. Seuil, coll. « Points Essais », 2021 (utilisée ici pour les références des citations).

de médecine, comme si la critique du biopouvoir et d'une médecine parfois trop dans la toute-puissance était incompatible avec la défense d'une médecine de qualité, de type holistique, respectant la charge scientifique de la preuve.

C'est également sans surprise que l'on découvre en Illich un fervent défenseur du « droit de mourir dans la dignité », avec une dénonciation très forte de l'obstination déraisonnable, sachant que là aussi, la dernière décennie a vu quantité de lois se multiplier dans les sociétés de type occidental pour accompagner les derniers instants d'une vie dans le respect des personnes :

> Aujourd'hui, l'homme le mieux protégé contre la possibilité de fixer l'heure de sa propre mort est le patient atteint d'une maladie grave. La société, agissant par l'entremise du système médical, décide quand et après quelles indignités et quelles mutilations il mourra. La médicalisation de la société a mis fin à l'ère de la mort naturelle. L'homme occidental a perdu le droit de présider à l'acte de mourir. La santé, ou le pouvoir d'affronter les événements, a été expropriée jusqu'au dernier soupir. La mort technique est victorieuse du trépas. La mort mécanique a conquis et annihilé toutes les autres morts [19].

Là encore, la dénonciation de l'ultramédicalisation de la mort lui fait manquer la définition du « soin » tel que défini par les humanités médicales, en écho avec les éthiques du *care*. À l'inverse, Illich fait du soin le bras armé et dogmatique d'une médecine vindicative, très caricaturale, obsédée par une version biologisante de la vie, apôtre de l'ordre normatif, refusant la finitude de l'homme. Chez Illich, la Némésis médicale n'est que l'autre nom de la Némésis industrielle, comme si le choix de la surproduction et de la surcroissance provoquait quasi mécaniquement une surmédicalisation de la vie. Sans valider sa thèse finale, il est intéressant de travailler à la restauration d'une puissance d'agir du sujet, tant dans la vie citoyenne et démocratique, que dans la vie industrielle ou médicale. En effet, le constat d'Illich est

---

19. *Ibid.*, chap. 8, p. 337-338.

loin d'être inopérant, même si sa solution peut susciter de vraies dérives interprétatives :

> Nous vivons à une époque où l'apprendre est programmé, l'habiter urbanisé, le déplacement motorisé, les communications canalisées et où, pour la première fois dans l'histoire de l'humanité, presque un tiers des denrées alimentaires consommées proviennent de marchés éloignés. Dans une société surindustrialisée à ce point, les gens sont conditionnés à obtenir des choses et non à les faire. Ce qu'ils veulent, c'est être éduqués, transportés, soignés ou guidés plutôt que d'apprendre, de se déplacer, de guérir et de trouver leur propre voie. Ce qui peut être fourni et consommé déclasse ce qui peut être fait. Le verbe « guérir » tend à être exclusivement utilisé dans son emploi transitif. « Guérir » n'est plus compris comme l'activité du malade et devient de plus en plus l'acte de celui qui prend en charge le patient [20].

De la dignité des communs

La notion de *commons* (communs) partage avec celle de la dignité son caractère inaliénable, inappropriable, qui ne peut être réduit à une simple marchandise, ou à toute autre forme de réification. Il est donc logique que les communs représentent l'un des outils les plus efficients pour mettre en place une « politique de la dignité », dans la mesure où ils articulent les notions de bien commun, bien public, bien vital non négociable, besoin élémentaire, avec la notion de la valeur intrinsèque d'une chose, et qui nécessite par ailleurs – c'est le côté plus clinique – un « prendre soin », une gouvernance desdits communs, *ad hoc*, adaptée au milieu dans lesquels ils évoluent. Autrement dit, la notion de « commun » réforme celle de la propriété précisément en ayant recours à celles du soin et de l'entretien : il n'y a pas de « commun » sans participation active de tous, sans engagement, sans responsabilité, sans « faire », sans « travail », pourrions-nous

---

20. *Ibid.*, chap. 3, p. 153.

ajouter. Le commun ne fait « capital » que par le soin qui lui est porté, en respectant la dignité des parties prenantes. Il n'est pas l'autre nom d'une propriété faisant confiscation : il propose à l'inverse un possible accès à un bien à partir du moment où le sujet assume une politique de la dignité, ou fait preuve d'une conscientisation forte de la clinique de la dignité. Selon Pierre Dardot et Christian Laval, « le commun n'est ni l'humanité comme essence morale ou dignité (*Menschheit*), ni l'humanité comme espèce (*Menschengattung*), ni l'humanité comme aptitude à sympathiser avec les autres hommes (*Humanität*), qui n'est pas sans rapport avec la faculté de penser en se mettant à la place d'autrui [...]. Le commun est à penser comme co-activité, et non comme co-appartenance, co-propriété ou co-possession [21]. »

Le commun est le mode privilégié d'occupation de l'espace du mouvement des indignés (Occupy Wall Street, Indignados) ou des défenseurs du climat, comme de tous ceux qui défendent la « réconciliation » entre les activités humaines et les écosystèmes naturels. Les communs sont, notamment depuis Elinor Ostrom [22], le mode de gouvernance privilégié pour articuler les questions de justice sociale et environnementale, avec la participation démocratique et la question des inégalités économiques. Les travaux d'Éloi Laurent, dans le sillage de ceux d'Ostrom, ont parfaitement montré comment les communs cherchaient à amenuiser les vulnérabilités en posant des protocoles plus vertueux pour augmenter la qualité de la gouvernance démocratique d'un territoire afin de diminuer les inégalités écologiques et économiques. Une politique de la dignité, et ce d'autant plus en contexte anthropocénique, conçoit et organise la gouvernance de ces « systèmes

---

21. Pierre Dardot et Christian Laval, *Commun. Essai sur la révolution au XXIe siècle*, Paris, La Découverte, 2014, p. 43.
22. Voir notamment Elinor Ostrom, « Public Entrepreneurship : A Case Study in Ground Water Basin Management », PhD diss., Los Angeles, University of California, 1965 ; et *Governing the Commons : The Evolution of Institutions for Collective Action*, Cambridge, Cambridge University Press, 1990. Plus récemment : « A General Framework for Analyzing the Sustainability of Social-Ecological Systems », *Science*, 325 (5939), 2009, p. 419-422 ; ou encore, toujours du même auteur, traduit par Éloi Laurent : « Par-delà les marchés et les États. La gouvernance polycentrique des systèmes économiques complexes », *Revue de l'OFCE*, vol. 120, 2012/1, p. 13-72.

complexes économiques et écologiques », dans le but d'offrir aux communautés qui prennent soin de ce territoire une vie décente, une vie digne, avec le moins d'externalités négatives pour ceux qui seraient au-delà des « frontières » de ladite communauté, dans la mesure où la notion de « parties prenantes » est précisément très élargie, et inclusive.

Il est intéressant de noter qu'à l'instar de la modernité qui a aussi fait basculer la notion de dignité du côté du travail – au sens où chacun est digne de pouvoir travailler et s'autonomiser, sans être dépendant d'autrui, mais en assumant une forme d'utilité sociale – les communs font basculer les relations dignes du côté d'un certain type d'action, de partage du faire et du pouvoir d'agir. Certes, il y a la dignité intrinsèque qui n'a pas à se « prouver » ni par un faire, ni par un statut de naissance ou de classe, mais il y a aussi la dignité au sens de la « capabilité », terme bien connu par les économistes du développement ou les philosophes moraux du soin, tels Amartya Sen ou Martha Nussbaum. Se définit comme « digne » celui qui a le sentiment de pouvoir rendre réversible sa vulnérabilité et d'instaurer des dépendances choisies, égalitaires, réciproques avec autrui, autrement dit celui qui définit ses droits comme « capabilités », augmentation de ces choix de vie bonne. De même, les communs font basculer les modes de gouvernance du côté des systèmes complexes, très décentralisés, et articulés aux milieux endogènes. Ce point est essentiel, si l'on désire développer une politique de la dignité à plus grande échelle, autrement dit à dimension nationale : elle ne pourra pas passer outre ce niveau de complexité et de subsidiarité, sachant que ce n'est pas là la culture de la gestion technocratique.

> **Les règles de gestion des communs selon Elinor Ostrom**
>
> Elinor Ostrom identifie un jeu de huit types de règles, sachant qu'il existe de multiples variantes de celles-ci : « Les limites entre utilisateurs et non-utilisateurs : des limites claires et comprises de tous au plan local existent entre les utilisateurs légitimes et ceux qui ne le sont pas [...]. La congruence avec les conditions locales : les règles d'appropriation et de fourniture sont congruentes avec les conditions sociales locales et environnementales [...]. Les dispositions de choix collectif : la plupart des personnes concernées par un régime de ressources sont autorisées à participer à la conception et la modification de ses règles [...]. La surveillance des utilisateurs : des personnes responsables devant les utilisateurs ou les utilisateurs eux-mêmes assurent la surveillance des niveaux d'appropriation et de fourniture des utilisateurs [...]. Des sanctions graduées : les sanctions pour infractions aux règles sont d'abord très faibles, mais deviennent de plus en plus fortes si un utilisateur viole une règle de manière répétée [...]. Mécanismes de résolution des conflits : des instances locales de résolution des conflits entre utilisateurs ou avec des représentants de la force publique existent et fonctionnent de manière rapide et peu coûteuse [...]. Reconnaissance minimale des règles : les droits des utilisateurs locaux à édicter leurs propres règles sont reconnus par le gouvernement [...]. Entreprises imbriquées : quand une ressource commune est étroitement liée à un système socio-écologique plus large, les activités de gouvernance sont organisées en plusieurs couches imbriquées[23]. »

Dans leur ouvrage, Dardot et Laval ont montré comment la théorie des communs détient quelques clés essentielles pour mettre en place une politique de la dignité de manière très concrète. Ils ont listé quantité d'exemples de communes, en France et à l'étranger, ayant développé avec succès des systèmes complexes de gouvernance des communs, que ceux-ci renvoient à des ressources

---

23. Elinor Ostrom, « Par-delà les marchés et les États », art. cité. Dardot et Laval commentent en ces termes : « Cette liste des principes de gestion du commun a sans doute quelque chose de décevant à première vue. Elle met pourtant en évidence une dimension essentielle, que la théorie économique standard ne permet pas de voir le lien étroit entre la norme de réciprocité, la gestion démocratique et la participation active dans la production d'un certain nombre de ressources » (*Commun, op. cit.*, p. 139).

naturelles ou culturelles. Par exemple la « remunicipalisation de la gestion de l'eau », qui rénove au passage la notion de « services publics[24] » : en juin 2011, la municipalité de Naples[25] a créé un établissement de droit public dédié à la gouvernance des biens communs considérant que « les biens communs comme l'eau, mais aussi la connaissance, la culture, l'éducation, la mer ou l'Internet, supposent un gouvernement (*governo*) qui ne relève pas du droit public classique et des formes instituées de gestion de la propriété publique, mais de la "démocratie active", seule voie pour sortir de la crise de la démocratie représentative[26] ». Les communs ne sont nullement une extension indéfinie de la propriété publique, ou l'autre nom d'un collectivisme local. Les communs manient toujours plusieurs échelles, locale et nationale, souvent digitale et internationale, qui rénovent et les frontières des territoires et celles des « communautés ».

La *res communis* (choses communes) est par ailleurs encore trop confondue avec la *res nullius* (les choses de personne). Ces dernières, c'est-à-dire les biens sans maître, sont en attente d'appropriation privée, alors que les choses communes sont inappropriables. Dans la notion de communs, l'important réside dans la théorie de l'action commune, autrement dit, dans le fait qu'il est attendu de chacun qu'il s'implique activement, de façon agente, dans la gouvernance et la préservation d'un commun, qu'il assume cette responsabilité. « On comprend surtout que les termes *communis*, *commune*, *communia* ou *communio*, tous formés sur la même articulation de *cum* et de *munus*, veuillent donc désigner non seulement ce qui est "mis en commun", mais aussi et surtout ceux qui ont des "charges en commun". Le commun [...] implique donc toujours une certaine obligation de réciprocité liée à l'exercice de responsabilités publiques[27]. » L'action commune permet d'activer

---

24. « Proposition politique 7. Les services publics doivent devenir des institutions du commun », Pierre Dardot et Christian Laval, *Commun, op. cit.*, p. 514-526.
25. Luigi de Magistris, préface à Alberto Lucarelli, *Beni comuni. Dalla teoria all'azione politica*, Viareggio, Dissensi, 2011, p. 13.
26. Pierre Dardot et Christian Laval, *Commun, op. cit.*, p. 473.
27. *Ibid.*, p. 25, « la co-activité comme fondement de l'obligation politique ».

deux bénéfices pour le citoyen : d'une part une consolidation de son sentiment démocratique, voire de la confiance qu'il peut éprouver envers les institutions démocratiques – en tout cas, le citoyen vérifie par son action une forme de citoyenneté capacitaire –, d'autre part une amélioration de sa « santé », notamment psychique, parce que agir préserve l'individu d'un sentiment d'érosion et de réification.

Le commun, au lieu d'être « théorique », purement déclaratif, s'*éprouve*, s'incarne par le biais des corps en action. C'est une forme active de civilité, une conscience civique qui dépasse les approches plus « passives », en apparence, de la politesse ou de ce que l'on pourrait poser comme convivialité, alors même qu'elles peuvent tout à fait se définir de façon substantielle, et comme bases élémentaires de la vie en communauté.

L'apprentissage de la dignité : « attention conjointe » et faire

Quand la philosophe Martha Nussbaum s'intéresse à la formation du citoyen du XXIe siècle, elle choisit de faire appel à un corpus théorique spécifique, celui des humanités, notamment la philosophie et les sciences de l'éducation, preuve que le rapport à la dignité ne se réduit nullement à la question matérielle de sa réalisation, mais qu'il se fonde aussi sur des valeurs et des représentations mentales qui commencent dès l'enfance, et notamment à l'école, ou plutôt dans ce moment privilégié d'apprentissage du monde et des premiers principes d'individuation. Nussbaum convoque Johann Pestalozzi, Friedrich Froebel, Bronson Alcott, Horace Mann, John Dewey, Rabindranâth Tagore [28], et l'on pourrait rajouter Célestin Freinet, Fernard Deligny, Jean Piaget, etc., autant de penseurs qui privilégient l'apprentissage du « gouvernement de soi-même », ou, pour le dire autrement, le développement

---

28. Martha Nussbaum, *Les Émotions démocratiques. Comment former le citoyen du XXIe siècle* (2010), trad. de l'anglais par Solange Chavel, Paris, Flammarion, coll. « Climats », 2011, p. 63-100.

des conditions de possibilité d'une conscience libre, pierre de touche de l'édifice démocratique, qui lui défend de sombrer dans sa caricature de tyrannie de la majorité.

Prenons le cas de Dewey, central pour comprendre en quoi clinique et politique de la dignité se recoupent. En cure analytique, dédiée certes au diagnostic du symptôme et à la compréhension de la généalogie de la répétition qui entrave le sujet, l'enjeu déterminant n'est néanmoins pas le seul diagnostic du symptôme, mais le dépassement des patterns de répétition. Autrement dit, après avoir éprouvé, fait l'épreuve, des premières définitions du « transfert » – à savoir le transfert sur la personne de l'analyste des pulsions de l'analysant, traduisant ses difficultés à être, à ne pas répéter les mécanismes névrotiques qui sont les siens –, les techniques de défense psychiques se retournent contre l'analysant, car elles sont trop coûteuses en termes psychiques, alors même qu'elles ont été longtemps les seules techniques – dysfonctionnelles – de fonctionnement. Dès lors, l'analysant se met réellement au travail – travail de sublimation, et donc d'action, de déplacement symbolique, de restauration d'un sens de l'avenir, en activant un trans-faire. Il devient auteur, cesse d'être le sujet de la répétition, devient créateur d'une nouvelle norme de vie, ne guérit pas nécessairement les blessures qui sont les siennes, car l'incurable existe, l'irréparable existe, mais retourne vers le mouvement, vit, déploie à nouveau de façon non mortifère son investissement libidinal. Le sujet est agent, il découvre ou redécouvre un pouvoir d'agir, seul garant de son sentiment de sujet, de ne pas être une chose, remplaçable. L'action réunit sens clinicien et politique. Il n'y aura pas politique, et encore moins une politique de la dignité, si le sujet ne restaure pas, cliniquement, son pouvoir de faire.

Si Nussbaum convoque Dewey, c'est précisément parce qu'il est le pédagogue du « faire », de l'expérimentation comme clé de l'éducation, au sens matriciel du terme : éducation à soi, aux autres, aux choses, aux idées. « Pour Dewey, le problème central des méthodes conventionnelles d'éducation est la passivité qu'elles encouragent chez les étudiants. Les écoles ont été traitées comme des endroits faits pour écouter et absorber, et l'écoute a toujours été préférée à l'analyse, à l'examen et à la résolution active des problèmes. En demandant aux élèves d'écouter passivement, on n'échoue pas seulement à développer leurs facultés critiques actives, on les affaiblit directement[29]. » Dewey écrit en 1899 (année de parution de *The School and The Society*), à une époque où la pédagogie qui sévit dans les établissements scolaires est très traditionnelle, éprise du patriarcat ambiant et des confusions entre autoritarisme et autorité. Nous savons depuis que l'écoute peut être aussi active que passive, qu'elle est la clé d'une attention qualitative, et qu'il ne suffit pas de croire « débattre » ou « analyser » pour réellement le faire.

Cela posé, Dewey montre admirablement que l'expérimentation, la pratique, le faire, en terrain d'apprentissage, est une clé globale pour comprendre quantité de choses et définir ce que nous pourrions appeler des « relations dignes », soucieuses de prendre en considération la dignité des autres et de leurs talents. Dans l'expérimentation, il se joue la prise de risque, la tolérance à l'incertitude, mais également la nécessité de la coopération, la compréhension du talent des autres, la valeur de la pratique, tout aussi clé que la théorie, la dialectique entre les deux pour faire évoluer et l'une et l'autre. En expérimentant, l'enfant découvre la nécessité du respect d'autrui, sans lequel la coopération ne peut délivrer sa richesse. Il découvre dans une certaine mesure plusieurs manières de comprendre la notion de dignité : la dignité intrinsèque de chacun, la sienne et les celle des autres ; mais aussi la dignité du faire, de l'effort, de ce qui « devient » par le mouvement, par l'activité et qui ne désigne pas une supposée « essence » inaugurale, et comment ces formes de dignité viennent cliniquement nourrir positivement le sujet qu'il est en train d'édifier. En langage clinicien, ce « faire » de Dewey est en dialogue direct avec le « savoir en acte » de François Roustang, qui défend une clinique au plus près des personnes et de leurs souffrances, sans jamais succomber à la tentation de la plainte infinie. Chez Roustang, savoir et action sont imbriqués pour

---

29. *Ibid.*, p. 86.

former une clinique de la dignité au service de l'analysant. Quatre « variations » de savoirs s'entrelacent : « 1) le savoir de ce que l'on va faire, comme connaissance préalable à l'action à entreprendre, 2) le savoir de ce que l'on a fait, comme savoir après coup de ce que l'action nous a enseigné en particulier par les erreurs, 3) le savoir de ce que l'on est en train de faire comme savoir de participation inhérent à l'acte, 4) le savoir de l'inaction, comme savoir sans intention ou comme disparition et source du savoir[30]. » La clinique raconte comment un savoir doit être capacitaire, au sens où il a pour objectif d'augmenter le *conatus* du sujet, de le mettre en mouvement – l'action étant une forme possible de l'autosoin[31].

Si l'expression « politique de la dignité » a un sens, c'est déjà dans cette révolution copernicienne de considérer que la « politique » est prioritairement une affaire d'éducation et de soin, qu'elle est l'autre nom des techniques et des apprentissages de consolidation du sujet, et que la politique actuelle entérine – de façon indigne – un sous-investissement dans ces domaines. En expérimentant dans l'enfance de façon continuelle, et légitimée, le sujet se familiarise avec ce « pouvoir d'agir », ce phénomène d'autorisation essentielle pour l'émancipation et la résilience de son sujet, il comprend et « ressent » cliniquement les bienfaits de l'action. Il active conjointement les pouvoirs exploratoires et motivationnels, le mouvement et le désir de mouvement, l'ajustement entre les deux, la découverte de la frustration, des échecs, mais surtout la possibilité de s'extirper des visions binaires du monde, qui définissent ici le succès, là l'échec. Le « faire » permet de produire de la continuité entre les deux, de la porosité totale, d'avoir une vision beaucoup plus réaliste, pragmatique, humble, et pourtant déterminante, de ce que la société peut nommer un « succès » ou un « échec ».

---

30. François Roustang, *Jamais contre, d'abord. La présence d'un corps*, Paris, Odile Jacob, 2015, chap. 4, « Le savoir disparu dans l'action », p. 609-621.
31. Le choix du « laisser-faire » n'est nullement une inaction. C'est une action, une décision délibérée, de lâcher prise, d'accueillir d'autres « tempos » que le sien, de comprendre des mécanismes de synchronicité qui peuvent parfois unir les choses et les êtres. Gilles Clément, grand théoricien du paysage, nous le rappelle : décider de ne rien faire dans la nature, c'est assister à la naissance d'une forêt.

Prenons un autre cas, celui de Froebel. À l'instar de Pestalozzi, et c'est une constante chez les philosophes de l'éducation, qu'ils soient pédagogues, pédiatres, psychiatres, psychologues du développement, etc., il considère qu'une des racines de l'agressivité de l'enfant siège dans cette impossibilité, répétée, à assumer un « faire ». Non dans le fait de ne pas faire ce qu'il veut, ou croit vouloir, mais dans le fait d'être constamment empêché de faire. « Froebel, poursuit Nussbaum, voit dans l'agressivité une réaction à la vulnérabilité naturelle, qui disparaît d'elle-même lorsque les enfants apprennent à se débrouiller du monde qui les entoure, tandis que s'étend leur capacité naturelle de sympathie et de réciprocité[32]. » Expérimenter continuellement son impuissance n'est soutenable pour personne. Il faut, à l'inverse, produire dès le plus jeune âge des techniques de puissances d'agir, et cela semble une lapalissade de rappeler la nécessité de multiplier les tentatives de développement desdites techniques. Ce n'est là qu'un énième rappel de ce que Rousseau définissait dans son *Émile*, lorsqu'il posait comme pierre de touche de son éducation l'expérimentation, à savoir le lien entre la pensée et la pratique orientée par cette pensée, pour développer une capacité d'autonomie, une aptitude à une autorité (apprendre par étapes à s'autoriser), qui serait une compétence clé pour la citoyenneté à venir[33].

Si le développement et l'amélioration de ce temps d'apprentissage sont tellement déterminants pour le sujet et le citoyen qu'il va devenir, c'est également parce que l'individu y apprend à prendre en considération le point de vue de l'autre, non pour s'y soumettre, mais pour lui reconnaître une valeur, dont il peut s'émanciper, dont il doit s'émanciper, tout en maintenant des règles possibles de dialogue. Nussbaum partage avec les éthiques du *care* ce renversement qui consiste à se soucier prioritairement du point de vue du plus vulnérable, du plus stigmatisé, pour élaborer les conceptions de justice et produire un diagnostic plus

---

32. Martha Nussbaum. *Les Émotions démocratiques*, *op. cit.*, p. 80.
33. *Ibid.*, p. 76.

complexe sur les choses et les situations. La prise en considération du plus vulnérable n'est pas exclusivement morale, elle est aussi épistémologique. Ensuite, il s'agit bien évidemment de déconstruire des formes de conduites conditionnées : « Développer la capacité des élèves à voir le monde du point de vue des autres, en particulier de ceux que leur société dépeint comme inférieurs, comme de simples objets ; enseigner des comportements à l'égard de la faiblesse et de la vulnérabilité humaines qui suggèrent que la faiblesse n'est pas honteuse et qu'avoir besoin des autres n'est pas la preuve d'un manque de virilité ; enseigner aux enfants à ne pas avoir honte du besoin et de l'incomplétude, mais à y voir des occasions de coopération et de réciprocité[34] ». Chacun voit bien ici comment une culture de la coopération se crée plus aisément à partir du moment où la signification du *kairos* se déplace, l'épreuve devenant une opportunité majeure pour un renforcement des capacités.

Nussbaum est essentielle pour apprendre à développer cette attention aux autres, mais l'éthique du *care* ne se borne pas au simple respect de l'attention aux autres. Étienne Bimbenet a judicieusement développé une notion, l'« attention conjointe[35] » pour dire la spécificité d'une relation humaine digne de ce nom, susceptible de développer un épanouissement pour le sujet en tant que tel, comme pour les collectifs qui se saisissent de cette aptitude. L'attention conjointe se définit par le fait de partager l'attention d'autrui et n'est pas assimilable à la « rivalité mimétique », qui consiste à regarder l'objet que l'autre regarde uniquement parce que l'autre le regarde. Comme l'écrit Bimbenet :

> Celle-ci ne consiste pas seulement à regarder ce que l'autre regarde, mais en outre à *savoir* que l'autre regarde la même chose, bref : à avoir conscience d'un voir en commun. L'attention conjointe est une attention « mutuellement manifeste », qui consiste pour l'enfant à vérifier que l'autre regarde bien la même chose que lui (regard de contrôle),

---

34. *Ibid.*, p. 61.
35. Voir Étienne Bimbenet, « Pour une approche phénoménologique de l'attention conjointe », *Alter*, 18, 2010, p. 93-110.

à « déclarer » la chose à l'adresse d'autrui, en la lui présentant directement (geste de montrer) ou en l'indiquant du doigt (pointage), à s'engager dans des épisodes d'interaction sociale autour d'un objet (engagement conjoint), à interroger l'attitude de l'autre pour savoir de quoi il retourne concernant l'objet (référence sociale), à commenter soi-même l'objet à l'adresse de l'autre, expressivement ou verbalement (commentaire), etc. On peut ainsi plaider pour une définition pleinement « psychologique » (et non simplement géométrique) de la notion : « L'attention conjointe est fondamentalement un phénomène social ou socio-cognitif : deux individus savent qu'ils font attention à quelque chose en commun [36]. »

Apprendre à « voir en commun » est l'antichambre à « voir du commun », au sens de monde et de biens communs à défendre, précisément parce que ces « objets » sont constitués au fil des années, en compagnonnage et apprentissage communs. C'est au cœur de ces processus d'attention conjointe que sont définis les objets *dignes* d'intérêt public, à différencier des objets autour desquels s'organise la seule rivalité mimétique. Les biens communs sont d'ailleurs définis comme des biens non excluables, et dont on doit préserver la non-rivalité, au sens où la consommation d'une partie de ces biens ne doit pas entraver d'autres individus, ce qui nécessite la mise en place de protocoles de justice et d'équité sociales.

---

36. *Ibid.*, p. 94. Dans ce passage, Bimbenet cite M. Tomasello, « Joint Attention as Social Cognition », dans Chris Moore et Philip J. Dunham (dir.), *Joint Attention. Its Origins and Role in Development*, Londres, Routledge, 1995, p. 106, et N. Eilan, « Joint attention, Communication, and Mind », dans N. Eilan, C. Hoerl, T. McCormack et J. Roessler (dir.), *Joint Attention : Communication and other minds. Issues in Philosophy and Psychology*, Oxford, Clarendon Press, 2005, p. 5.

ÉPILOGUE

Dans un monde biopolitique, la vulnérabilité biologique, l'écart avec la norme, sont frappés d'indignité : historiquement, cela a donné lieu, dans sa version la plus barbare et antihumaniste, à la catégorie de « vie qui n'est pas digne d'être vécue » (*Lebensunwertes Leben*[1]). Plus généralement, dans une dictature ou tout autre régime autoritaire, le discours sur l'« excellence » se revendique aisément, et la dévalorisation des plus vulnérables est délibérée, même si elle est plus ou moins assumée officiellement – les dictatures étant structurellement des régimes négationnistes qui effacent la vérité. Dans un État de droit, la situation est sans commune mesure, même si des régimes d'invisibilisation et de dévalorisation des plus « vulnérables » (leur définition se modifiant constamment) perdurent malgré un discours et des pratiques revendiquant de bonne foi l'inverse. D'où la nécessité sempiternelle de passer les grands principes démocratiques, protecteurs des droits humains, la liberté, l'égalité, la dignité, au crible de la « clinique » pour mieux diagnostiquer les hiatus entre droits formels et droits concrets. On voit les risques du régime biopolitique qui « quantifie », « score » selon des datas, des normes particulières, la « valeur » de la vie, celle que la société accepte de sauver, voire de préserver, et celle qu'elle installe dans la dégradation pour finalement s'en séparer sans craindre de mettre à mal sa morale.

Parmi les premiers grands acteurs de cette clinique de la dignité se trouvent les humanités médicales, les sciences humaines

---

1. Hitler a officiellement donné l'ordre d'exterminer la « vie indigne de la vie » (voir Karl Binding, Alfred Hoche, *Die Freigabe der Vernichtung Lebensunwerten Lebens*, 1920) en octobre 1939. Les personnes avec un handicap physique ou mental sévère ont subi des stérilisations forcées, ou ont été « euthanasiées » par l'État nazi.

et sociales, pour enquêter et documenter, de façon toujours plus rigoureuse et argumentative, les « indignités », les nouvelles formes qu'elles revêtent, comment elles se logent dans les interstices de la vie individuelle et collective, civile et institutionnelle. Comme la psychothérapie institutionnelle et la gouvernance des communs l'enseignent, la fonction clinique doit être « en partage », portée par un ensemble d'acteurs – une « constellation » – qui se retrouvent et vigies des atteintes à la dignité et garants de son maintien, du moins assumant une mission explicite de résistance au « devenir-indigne » du monde : naturellement les associations de la société civile, mais aussi les hautes autorités indépendantes telles que le Défenseur des droits, le Contrôleur général des lieux de privation et de liberté, tout comme les universitaires et les sociétés savantes, les entreprises à « raison d'être », les sociétés « à mission », la sphère des médias et des réseaux sociaux, qui jouent désormais un rôle non négligeable de plaidoyer et de « régulation » (et de dérégulation) démocratiques.

Cette « constellation » est garante d'une approche holistique, de proximité, respectant la singularité des parcours et des individus, maintenant un lien substantiel avec le terrain et les échelles humaines. Car une des premières difficultés, lorsqu'on est pris au piège d'une spirale de vulnérabilisation, est de devenir incapable de suivre et de comprendre les circuits trop normatifs, moins attentifs aux spécificités de chacun. Pour retrouver une dynamique capacitaire, le sujet a besoin de temps, de colloque singulier avec les instances, d'adaptation de celles-ci à son langage, de prise en considération de son récit : il a besoin d'un rapport « clinique », avec son environnement humain et institutionnel, au sens où les soignants et les médecins le définissent, avec les valeurs de consentement et de soin qui sont les leurs. Après la pandémie, de nouveaux types d'observatoires [2] sont nés, pour mettre à nu

---

2. Symptomatique de ceux-ci, l'Observatoire national des pratiques, lié à l'Espace éthique d'Île-de-France, dirigé par Emmanuel Hirsch. Fondé en mars 2021, un an après le début du premier confinement, il réunit des personnes endeuillées et des familles de résidents en Ehpad « qui n'admettent pas les incuries organisationnelles et ont choisi d'intervenir dans l'espace public afin d'éviter que ne perdurent des mentalités et des dispositifs attentatoires à

les atteintes non seulement à la dignité des personnes, mais également à l'idée même de démocratie, tant la clinique de l'indignité vient invalider le destin vertueux des démocraties.

Si les sociétés démocratiques veulent restaurer la confiance, elles doivent consolider cette clinique de la dignité et prioritairement reconnaître les traumatismes, les incuries et autres proliférations des modes dégradés, liés aux nouvelles formes d'effraction du réel, dans un contexte post-pandémique et de vulnérabilité systémique. Premiers bénéfices de la clinique, structurellement indivisibles : la reconquête d'un temps « politique » parce que dédié au soin des personnes et de la prise en considération de leur vulnérabilité ; la reviviscence de la qualité des relations interpersonnelles, car le soin est inséparable d'un engagement réciproque des parties prenantes ; enfin, l'activation d'un transfert, au sens de Roustang, autrement dit la refonte du pouvoir d'agir du sujet, de sa capacité de séparation et d'autonomisation.

L'expérience du deuil, souligne à dessein Emmanuel Hirsch, n'a pas été exclusivement celle des familles. La démocratie est « endeuillée[3] », au sens où elle éprouve un deuil plus global, celui des « valeurs concédées dans l'urgence », des « certitudes », des accès relativement équitables aux services publics. Les jeunes générations savent pertinemment que la crise climatique va impacter leurs destins de façon violente et inéquitable, leur imposant des renoncements sans possibilité immédiate de sublimation. Cette aventure de la « dignité en action » est sans nul doute le seul chemin viable pour expérimenter, malgré tout, des épopées communes et solidaires.

---

la dignité humaine et aux libertés fondamentales », dans Emmanuel Hirsch, *Une démocratie endeuillée. Pandémie, premier devoir d'inventaire*, préface de Gilles Pialoux, Paris, Érès, 2021, introduction, p. 17-32.
3. *Ibid.*

REMERCIEMENTS

Je tiens à remercier très chaleureusement mes collègues de la Chaire de philosophie du GHU Paris Psychiatrie et Neurosciences (rattachée à la chaire Humanités et Santé du Conservatoire National des Arts et Métiers), le conseil administratif et scientifique, les chercheurs associés, les chargés de mission et d'études, les doctorants, avec lesquels nous avons pu élaborer ces dernières années cette « clinique de la dignité », tant sur les terrains hospitaliers du GHU Paris, que ceux de l'EPSMD de l'Aisne, ou encore à l'Hôpital de Panzi (Bukavu, République démocratique du Congo), dans le cadre d'une antenne de la chaire, portée avec l'Agence Française de Développement (avec un remerciement plus spécifique encore à Rémy Rioux, à Safia Ibrahim-Netter, et aux équipes de Virginie Leroy et d'Agnès Soucat), auprès du docteur Denis Mukwege et de ses équipes.

Un grand merci également aux collègues de la Chaire BOPA (AP-HP, Université Paris Saclay), et à Éric Vibert en particulier, comme aux collègues de l'École des Mines de Paris (notamment l'IHEIE avec Cédric Denis-Remis, et le CGS avec Armand Hatchuel), pour toujours être prêts à partager des réflexions autour de la théorie de la conception, les *proofs of care*, la générativité du vulnérable et les humanités médicales hors du seul contexte du monde de la santé.

Je tiens également à dire toute ma gratitude à Pierre Rosanvallon et à Nicolas Delalande pour m'avoir invitée à poursuivre et à consolider cette « clinique », au sein de leur collection, en bénéficiant de leurs apports constants et toujours pertinents. Je n'aurais pas osé sans eux reprendre le chemin de cette belle et grande notion de « dignité ».

Enfin, je remercie mes co-auteurs pour avoir contribué avec tant de richesse à cet ouvrage, avec un salut tout spécial à Catherine Tourette-Turgis – inestimable soutien scientifique et humain depuis le début – et à Benoît Berthelier qui me font la joie et l'honneur d'être des partenaires essentiels de la chaire.

REBONDS ET EXPLORATIONS

LA DIGNITÉ AU REGARD DES DROITS

Claire Hédon,
Défenseure des droits

La question de la dignité est au croisement de mes engagements. Celui, actuel, de Défenseure des droits, chargée de défendre les droits et libertés, et celui, auparavant, de bénévole et présidente d'ATD Quart Monde.

Fondement, source, matrice des droits de l'homme, la dignité découle de la composante d'humanité que chaque personne a en elle. Dès lors, la dignité n'a pas à être établie, elle ne se mérite pas, ne s'acquiert pas, ne se perd pas. Nous n'avons pas à nous comporter d'une certaine manière ou à correspondre à des attentes pour être dignes.

Je le dis d'une autre manière, car c'est d'une importance considérable : il n'y a pas de condition pour être digne. Ce n'est pas une qualité appartenant à certaines personnes. Elle est ce que l'humanité a en commun et protège de toute forme de déshumanisation.

De ma place de Défenseure des droits, j'observe de trop nombreuses formes de déshumanisation qui sont autant d'atteintes aux droits. Cette déshumanisation se traduit le plus souvent par une mise à l'écart, à laquelle les personnes en situation de vulnérabilité sont particulièrement exposées.

Il en va ainsi des discriminations ou de la déshumanisation de certains services publics, lorsqu'ils s'éloignent, ne répondent pas, déconsidèrent, opposent des obstacles à l'exercice des droits. Ces épreuves portent atteinte à la dignité de nombreuses personnes. Je pense notamment à la difficulté à obtenir des aides sociales, au mal-logement, aux atteintes aux droits que subissent des personnes étrangères, des personnes âgées et des enfants.

Socle de l'édifice des droits, la dignité est au cœur de l'action de l'institution du Défenseur des droits et des atteintes aux droits que nous constatons.

La dignité, une notion au fondement des droits

La notion de dignité se rattache à ce qui est propre à la personne en tant que telle : elle transcende donc les caractéristiques qui distinguent entre elles les personnes. La dignité, si elle devait se formuler en termes de droit, serait un droit résolument universel, et englobant la plupart des autres : le droit de ne pas être humilié, c'est-à-dire, dans sa face positive, le droit d'être respecté.

Si la dignité est un concept ancien, le droit s'en est emparé progressivement dans le sillage de la Déclaration universelle des droits de l'Homme, adoptée en 1948. C'est parce que le nazisme avait porté la négation de l'homme à des extrêmes jamais connus qu'il est apparu essentiel d'affirmer que la dignité est au fondement des droits de l'Homme. Un principe qui a prééminence sur tout autre. Cette affirmation doit beaucoup aux efforts déployés par René Cassin, qui tenait à ce que soit proclamée l'égale dignité des êtres humains dès l'article premier de la Déclaration universelle des droits de l'Homme.

En droit interne, la valeur constitutionnelle de la dignité a été reconnue au moment de l'adoption des premières lois bioéthiques, dans un contexte où certains progrès de la médecine faisaient craindre des risques de dérives susceptibles d'aboutir à un asservissement ou à une dégradation de la personne humaine (Conseil constitutionnel, décision du 27 juillet 1994). Le Conseil d'État, quant à lui, intègre le respect de la dignité au respect de l'ordre public, depuis la célèbre décision relative au « lancer de nains » (Conseil d'État, 27 octobre 1995, Commune de Morsang-sur-Orge). En droit pénal, la protection de la dignité est assurée par l'incrimination d'un certain nombre de comportements regroupés dans un chapitre du Code pénal consacré aux « atteintes à la dignité de la personne humaine » (discriminations, proxénétisme, traite des êtres humains, bizutage, etc.).

Reconnue comme fondamentale par nombre de déclarations, chartes, préambules ou lois, la notion de dignité est pourtant rarement explicitée. Ainsi, bien qu'elle considère que la dignité relève de l'« essence » de la Convention européenne de sauvegarde des droits de l'Homme et des libertés fondamentales, la Cour européenne des droits de l'Homme ne la mentionne explicitement que très rarement, même si sa prise en compte est sous-jacente. Dans l'arrêt Winterstein par exemple, concernant l'expulsion d'une communauté de « gens du voyage », la Cour n'a pas repris l'analyse des réclamants en termes de dignité, mais elle a considéré que l'expulsion – fondée sur la protection du droit de propriété – avait porté une atteinte disproportionnée au droit au respect de la vie privée (CEDH, 17 oct. 2013, Winterstein c/ France).

Ces diverses références donnent à la dignité des définitions et des statuts juridiques variés, qui fondent certaines critiques. Elle serait inutile juridiquement et incertaine dans sa définition. Ma conviction est que, loin d'être une notion vaine ou floue, comme on le dit parfois, elle est d'une très grande simplicité : chacun a la même valeur dans la société et peut se prévaloir des droits fondamentaux sans distinction.

La dignité n'est en effet pas seulement une notion juridique et morale, elle peut fonder une politique publique, et permettre la matérialisation des droits sociaux. Ainsi, c'est au nom de la dignité, pour assurer la dignité des personnes, qu'on a reconnu des droits sociaux et mis en œuvre des politiques sociales. Le programme du Conseil national de la Résistance (CNR) est précisément la source d'inspiration de la Sécurité sociale telle que nous la connaissons, avec la double logique de protection socialisée contre différents risques et de gestion paritaire, impliquant les travailleurs eux-mêmes. Or, au cœur de la partie du texte du CNR qui concerne la question sociale, figure la notion de dignité : dignité pour chaque travailleur, pour une vie pleinement humaine, dignité dans la vieillesse. La dignité se concrétise en effet par la protection socialisée contre les risques de dénuement, qui sont des atteintes à la dignité, mais aussi par l'exercice de la citoyenneté – citoyenneté politique et citoyenneté sociale. Et le message du CNR donne durablement une traduction politique et sociale à la notion de dignité. Aller chercher dans la dignité la source de la défense des droits est intéressant pour formuler autrement la question sociale aujourd'hui : alors qu'on reproche parfois (à tort) à certaines revendications en termes de droits d'être « identitaires », parce qu'elles s'attachent à telle ou telle catégorie de la population, la défense de la dignité évacue ces critiques car son principe est justement de ne pas faire de distinction entre les catégories.

La dignité, ainsi définie, traverse toutes les compétences du Défenseur des droits.

La place centrale de la dignité dans l'action du Défenseur des droits

L'institution du Défenseur des droits est inscrite dans la Constitution, elle est chargée de veiller au respect des droits et libertés.

Elle a, plus précisément, deux missions : traiter les réclamations individuelles reçues pour rétablir les personnes dans leurs droits et, de façon plus systémique, promouvoir l'égalité, les droits et libertés.

Nous exerçons ces missions dans cinq domaines de compétences : la défense des droits des personnes dans leurs relations avec les services publics, la lutte contre les discriminations, la défense et la promotion des droits de l'enfant, le contrôle de la déontologie des forces de sécurité, et enfin l'orientation et la protection des lanceurs d'alerte.

Notre action a pour point de départ les situations individuelles, toujours plus nombreuses, que nous recevons. Nos constats se construisent sur un travail rigoureux, réalisé à partir de ces situations vécues d'atteintes aux droits qui sont autant de signaux permettant souvent de révéler des problèmes structurels.

Nous agissons donc à deux échelles différentes, celles des difficultés individuelles que nous contribuons à régler, et celle de la mise en lumière, à partir de ces situations, de difficultés plus générales.

Les atteintes portées à la dignité peuvent être liées à un ou à plusieurs domaines de compétence du Défenseur des droits dès lors que sont en cause une discrimination, un droit de l'enfant, un service public ou le respect de la déontologie des forces de sécurité. La dignité n'est pas toujours invoquée formellement par les personnes qui nous saisissent, mais sa place est bien visible dans les constats que nous établissons en traitant leurs réclamations. En effet, les réclamants invoquent rarement de façon explicite une atteinte à leur dignité en tant que telle, mais ils sont souvent choqués du traitement qu'ils ont subi, que ce soit de la part d'une entreprise ou d'une administration. Ils évoquent souvent le besoin d'être entendus, soulignant, en creux, que jusqu'alors, ils n'ont pas été considérés comme dignes de prendre la parole et d'être écoutés... Le plus souvent, ils évoquent des situations de maltraitance, le sentiment d'avoir été humiliés, ce qui est bien l'expression d'une atteinte à la dignité. Au terme de nos investigations, nous constatons, ou non, une atteinte aux droits de la personne.

Les situations d'atteinte à la dignité peuvent se produire dans un grand nombre d'environnements, mais en particulier dans les environnements où se trouvent les personnes les plus vulnérables : en détention, dans des Ehpad, à l'école, notamment.

Les personnes qui nous saisissent sont souvent choquées par le traitement dont elles ont fait l'objet : elles n'ont pas obtenu d'explication, se sont heurtées au silence de l'administration, ont tenté d'appeler de multiples standards téléphoniques. Beaucoup évoquent leur exaspération face à la forme de maltraitance qu'elles ont subie.

Nos interventions prennent essentiellement trois formes : engager une médiation (dans 80 % des cas) ; ou instruire un dossier, le cas échéant en menant des enquêtes, des vérifications sur place ; *in fine*, adresser des recommandations ou, lorsque le réclamant a saisi la justice, présenter des observations devant la juridiction saisie. Lorsque nos investigations font apparaître une situation qui porte atteinte à la dignité du réclamant, nous mettons en lumière cette atteinte, quand bien même la réclamation émise n'aurait pas été formulée en ces termes. Par exemple, dans une décision que nous avons rendue sur l'incendie d'une habitation par des agents municipaux à la demande de policiers, nous avons relevé que le capitaine et le commissaire avaient manqué à leurs obligations déontologiques, et notamment celle de « respect des personnes et de protection de leur dignité ».

Dans le domaine du travail, c'est à travers les discriminations que nos investigations nous conduisent à constater et à mettre en lumière des situations portant atteinte à la dignité des personnes. Nous avons ainsi par exemple pris une décision, sur laquelle je reviendrai, à propos de personnes étrangères en situation irrégulière victimes de traite d'êtres humains. Ces personnes travaillaient pour un restaurateur qui abusait de leur vulnérabilité.

Outre le traitement des réclamations qui nous sont adressées, nous assurons une autre mission : la promotion des droits et libertés. Cela passe notamment par la publication de rapports ou d'études, la diffusion de ressources à destination des professionnels (professeurs, travailleurs sociaux, etc.) ou du grand public. Dans plusieurs rapports (sur les Ehpad, sur la santé mentale des enfants, sur la dématérialisation des services publics notamment), nous avons souligné comment la méconnaissance des droits d'une personne pouvait aboutir à porter atteinte à sa dignité.

Pour promouvoir les droits et libertés, nous sommes régulièrement amenés à présenter au Parlement des avis sur les textes de lois en discussion. Pour de nombreux projets et propositions de loi, je suis auditionnée au Parlement. Ainsi, j'ai été entendue dans le cadre de quarante-quatre auditions la première année de mon mandat. J'y mets en exergue les risques d'atteinte aux droits, mais aussi, régulièrement, la notion de dignité.

Nous avons par exemple présenté en 2022 un avis sur la proposition de loi « visant à protéger les logements contre l'occupation illicite », qui étend les procédures d'urgence à tous les lieux d'habitation et non seulement au domicile. Elle prévoit ainsi de mettre le juge et sa capacité d'appréciation à l'écart, d'exposer des personnes à de multiples atteintes aux droits. Au logement bien sûr, à la scolarité des enfants, à la santé…

Cette proposition témoigne d'un renversement des valeurs. Comme son titre l'indique, il s'agit de protéger le logement, un bien, plutôt que les personnes. Un délit assorti d'une amende est créé pour le maintien dans les lieux malgré des loyers impayés et une décision de justice. Ainsi, seraient « criminalisées » des situations de précarité.

Il s'agit, de manière assez claire, d'atteintes à la dignité, d'une forme de déshumanisation. Tout se passe comme si la pauvreté entraînait, dans le regard d'autrui, une déconsidération, une infériorité et, en définitive, une culpabilisation.

Pour toutes ces actions, la force du Défenseur des droits est de s'appuyer sur les situations de chaque personne qui le saisit. Grâce à l'analyse des délégués et des agents du Défenseur des droits, nous rendons visibles des cas concrets d'atteintes aux droits et d'atteintes à la dignité.

Les constats d'atteintes à la dignité

La Déclaration universelle des droits de l'homme lie les mots « égale » et « dignité ». La dignité prend alors toute sa dimension : elle s'inscrit dans un rapport à l'autre, elle protège de toute forme de déshumanisation venant d'autrui comme le souligne notamment la juriste Geneviève Giudicelli-Delage, spécialiste de droit pénal [1].

---

1. Geneviève Giudicelli-Delage, « Pour l'égale dignité », *Délibérée*, vol. 5, n° 3, 2018, p. 7-10.

Dans son essai, Cynthia Fleury évoque la multiplication des « formes dégradées de dignité ». Je préfère, pour ma part, parler d'atteintes à la dignité, pour bien souligner que la dignité par elle-même ne se dégrade pas, mais qu'elle peut subir des atteintes qui l'affectent. Je partage néanmoins son constat : les formes d'atteinte à la dignité se sont multipliées, dans les relations avec les services publics (à travers notamment la maltraitance institutionnelle), dans les conditions de travail, dans les hôpitaux ou les Ehpad. En parallèle, des atteintes qu'on observe depuis de nombreuses années persistent, par exemple dans les campements d'exilés, en détention, dans les logements et lieux d'hébergement insalubres.

L'indignité heurte, choque, mais nous avons encore trop souvent l'habitude de détourner le regard face aux atteintes à la dignité masquées par des portes ou des murs, ou qui concernent certaines catégories de la population.

Parfois, l'indignité a été invisibilisée : je pense aux files d'attente d'étrangers au petit matin devant les préfectures, dans l'espoir d'un rendez-vous pour leur droit au séjour. Cette file existe toujours, mais elle est virtuelle, en ligne. Moins visible mais tout aussi indigne pour les personnes qui font face à une négation de leurs droits.

Les atteintes qui ressortent des milliers de réclamations reçues par le Défenseur des droits (126 000 en 2022) sont diverses. Quelques exemples permettent d'en saisir la teneur.

Les atteintes subies par les résidents d'Ehpad

La crise sanitaire a été un puissant révélateur de multiples formes insidieuses d'atteintes à la dignité. Cette crise a d'abord confirmé à quel point la notion de dignité faisait l'objet d'acceptions diverses. L'exemple des personnes âgées dépendantes est une bonne illustration. Depuis le début de la pandémie de Covid-19, les personnes âgées ont été identifiées à juste titre comme étant particulièrement vulnérables, donc comme des personnes à protéger de manière renforcée. Pour celles résidant en Ehpad, cela s'est hélas traduit par l'adoption de mesures restrictives rigoureuses, attentatoires aux droits et libertés des résidents, même au-delà des périodes où ces mesures ont été dictées par la loi. Au nom d'un objectif légitime, la préservation de leur sécurité et de leur santé, on a accepté que leur liberté soit drastiquement réduite, sans prendre la peine de rechercher leur consentement.

Le caractère fragile de l'équilibre entre protection de la sécurité d'un côté et préservation des libertés de l'autre est ancien, en particulier quand il s'agit de personnes considérées comme vulnérables. La tension entre ces deux objectifs a été ravivée avec la crise sanitaire, mais cela fait plusieurs années que nos saisines révèlent des dérives, la protection étant parfois soulignée pour mieux reléguer au second plan la considération des libertés. Sécurité et libertés sont deux des conditions du respect de la dignité, il importe donc que les atteintes portées aux secondes soient toujours nécessaires et proportionnées. Dans les périodes marquées par les « états d'urgence » liés au péril terroriste ou aux dangers sanitaires, cet impératif est plus facilement oublié.

L'aboutissement d'une telle logique, qui conduit à rogner sur les droits des personnes au nom d'autres motifs, c'est l'indignité. Le propre de la notion de dignité est qu'elle ne peut être qu'une considération de premier rang ; dès qu'elle passe en second, elle disparaît. C'est la valeur de ce qui n'a pas de prix : si elle est mise en balance avec des enjeux budgétaires, par exemple, elle n'est pas seulement relativisée, elle est niée.

Ce phénomène dépasse la responsabilité individuelle de celles et ceux qui y travaillent. Les comportements des travailleurs sociaux, des soignants, des surveillants pénitentiaires ne sont pas en cause : la plupart d'entre eux font ce qu'ils peuvent, mais ils ne sont pas en capacité d'accomplir correctement leur travail. La « perte de sens » que de nombreux agents publics éprouvent dans l'exercice de leurs missions engendre une forme de « souffrance éthique », pour reprendre l'expression de Christophe Dejours, due à leurs conditions d'exercice et aux injonctions paradoxales auxquelles ils peuvent être soumis[2].

C'est l'un des constats que nous formulions dans notre rapport, « Les droits fondamentaux des personnes âgées accueillies en Ehpad[3] ». Les situations de maltraitance dont nous sommes saisis révèlent en effet, plutôt que des défaillances individuelles, des carences de l'organisation liées à la pénurie de personnel, aux rotations importantes, à l'épuisement des professionnels ou au manque d'encadrement.

Pour autant, la maltraitance institutionnelle ne dilue pas les responsabilités individuelles : elle met en cause, au-delà de celles-ci, la responsabilité propre de l'institution. Quand elle favorise, par ses choix budgétaires, logistiques, managériaux, l'essor d'une maltraitance généralisée ou quand elle laisse perdurer des faits de maltraitance sans réagir, l'institution est responsable. Lorsque l'on ne peut plus faire un travail de qualité, et *a fortiori* lorsque ce travail concerne la vie humaine, le sentiment de renier ses valeurs peut être très difficilement vécu.

Les difficultés d'accès aux services publics, une maltraitance institutionnelle

Le phénomène de « maltraitance institutionnelle », notamment décrit par le sociologue Vincent Dubois[4], rejoint tout à fait ce que nous constatons dans nos saisines.

Les services publics incarnent l'accès aux droits, ils ont pour mission de les rendre concrets et accessibles. Or, parmi les réclamations que nous recevons sur ces sujets, plus des trois quarts mettent en cause la *relation* avec l'administration ou l'organisme

---

2. Psychiatre et psychanalyste, ancien professeur au Cnam, Christophe Dejours a consacré de nombreux ouvrages à la souffrance au travail, parmi lesquels *Souffrance en France. La banalisation de l'injustice sociale*, Paris, Seuil, 1998.
3. Mai 2021 ; rapport de suivi, janvier 2023.
4. Voir *La Vie au guichet. Administrer la misère*, Paris, Seuil, coll. « Points Essais », 2015, ou *Contrôler les assistés. Genèses et usages d'un mot d'ordre*, Paris, Raisons d'agir, coll. « Cours et travaux », 2021.

de service public, avant même les atteintes aux droits sur le fond de la règlementation. Ce sont généralement les mêmes difficultés qui sont relevées : absence d'écoute et de prise en considération des arguments, délais de réponse excessifs, absence de réponse, défaut d'information. Les personnes qui nous saisissent partagent presque toutes, avant tout, un besoin d'être écoutées, prises en considération, respectées.

Dans une étude publiée en 2023, réalisée avec l'Institut national de la consommation, nous avons évalué les taux de réponses des plateformes téléphoniques de quatre services publics, ainsi que la qualité de ces réponses. Deux chiffres révèlent l'ampleur du problème : 40 % des appels n'aboutissent pas. Et parmi ceux qui aboutissent, il n'y a jamais plus de 60 % de réponses satisfaisantes. Cela contribue à ancrer le sentiment, chez nos concitoyens, d'être insuffisamment considérés comme des personnes à part entière, dignes qu'on les écoute et qu'on leur réponde.

Lorsque nous avons évalué l'expérimentation de la médiation préalable obligatoire (qui impose, pour certains litiges, un recours à la médiation avant de saisir le juge), nous avons constaté que deux tiers des réclamants étaient satisfaits de la procédure, quand bien même seulement un tiers avait obtenu gain de cause sur le fond. L'autre tiers était également satisfait d'avoir simplement obtenu une explication du rejet de leur demande.

C'est aussi ce que constatent les délégués territoriaux de l'institution présents partout en France. Les personnes qu'ils reçoivent sont souvent éprouvées et fatiguées : elles ont accumulé des démarches infructueuses, se sont heurtées au silence de l'administration, ont fait l'objet de refus sans explication, etc.

Ce qui rejaillit dans les permanences des délégués du Défenseur des droits, ce sont finalement les effets de la « maltraitance institutionnelle » subie par les usagers.

Cette notion de maltraitance institutionnelle ressort également de la recherche menée par ATD Quart Monde et l'Université d'Oxford en 2016 sur les dimensions cachées de la pauvreté[5]. Menée dans six pays (Bangladesh, Bolivie, France, Tanzanie, Royaume-Uni et États-Unis) pour identifier les dimensions-clés de la pauvreté et leurs relations, cette recherche est fondée sur la méthodologie du croisement des savoirs, dans laquelle des praticiens, des universitaires et des personnes en situation de pauvreté sont co-chercheurs. Ce processus a permis d'identifier neuf dimensions-clés de la pauvreté qui, malgré les différences dans la vie quotidienne d'un pays à l'autre, sont étonnamment similaires.

À côté des privations plus familières liées au manque de travail décent, à l'insuffisance et la précarité des revenus et aux privations matérielles et sociales, il ressort trois dimensions relationnelles qui sont manifestes : maltraitance sociale, maltraitance institutionnelle, et contributions non reconnues. La maltraitance institutionnelle est l'incapacité des institutions nationales et internationales à répondre de manière appropriée aux besoins des personnes en situation de pauvreté, ce qui conduit à les ignorer, à les humilier et à leur nuire. La conception et la mise en œuvre des politiques peuvent aboutir à exclure les personnes en situation de pauvreté, à ne pas satisfaire leurs besoins fondamentaux et à les stigmatiser. Souvent, ces personnes estiment que leurs rapports avec les institutions sont caractérisés par le jugement, la domination, l'obligation et le contrôle qui étouffent leurs voix, entraînent le déni de leurs droits et les laissent sans pouvoir.

Deux phénomènes, que nous retrouvons fréquemment dans nos saisines, illustrent bien la déshumanisation des services publics : la dématérialisation des démarches et certaines dérives de la lutte contre la fraude.

---

[5]. « Les dimensions cachées de la pauvreté », ATD Quart Monde et Université d'Oxford, 2019.

- La dématérialisation des services publics ou l'éloignement des droits

La dématérialisation n'est pas qu'une affaire technique, une question de « simplification », d'ergonomie ou d'accessibilité ; c'est parce que nous sommes des personnes que nous voulons avoir affaire à des personnes. Être face à une application ou sur un site web sans personne à qui parler, c'est une expérience de déshumanisation – et la déshumanisation est à l'évidence une atteinte à la dignité de la personne.

En imposant d'effectuer ses démarches administratives en ligne, la dématérialisation des services publics opère un transfert de responsabilité vers l'usager : c'est à l'usager de se former, de se faire aider, de faire, d'être capable. Pour accéder à ses droits, il lui appartient de s'adapter aux conditions de l'administration : c'est un glissement dangereux du principe d'adaptabilité, qui devient une qualité attendue de l'usager, plutôt qu'une exigence qui incombe au service.

Cette évolution a été très bien montrée par Clara Deville dans sa thèse, « Dématérialisation et distance à l'État des classes populaires », à laquelle nous avons remis le prix de thèse du Défenseur des droits en 2020. L'auteure montre que « l'e-administration » a accentué le retrait de l'État en milieu rural, et donné lieu à un nouveau tri des administrés, qui s'opère à deux niveaux. D'une part, les plus en difficulté sont renvoyés vers des institutions périphériques ; d'autre part, une fois aux guichets, les chances d'être reconnu éligible au RSA dépendent du degré d'ajustement aux normes de l'accès aux droits numérisés (plus un administré paraît autonome, plus l'agent d'accueil sera réceptif à sa demande).

Pour ces raisons, nous continuons de recommander de garantir l'accès, pour tous les usagers, à des personnes susceptibles de leur répondre et de traiter individuellement leur situation.

- **Dans la lutte contre la fraude aux prestations sociales, des risques d'atteinte à la dignité**

La fraude aux prestations sociales est un sujet important, qui mérite la vigilance des pouvoirs publics, comme toute fraude. Mais les dispositifs mis en place engendrent deux problèmes : d'une part, en complexifiant et en alourdissant les procédures de demandes d'aides, ils favorisent finalement les risques d'erreurs ; d'autre part, en attribuant aux organismes de protection sociale de larges pouvoirs, ils sont susceptibles d'entraîner des dérives : qualifications abusives de fraude, recouvrements d'indus disproportionnés par rapport aux ressources de la personne, etc.

Pour remédier à ces dérives, nous avons formulé de nombreuses recommandations. Une partie concerne des réformes législatives : nous en avons obtenu certaines (reconnaissance du droit à l'erreur, simplification des obligations déclaratives), nous en attendons d'autres (clarification des attributions des agents de contrôle, renforcement du droit au recours, etc.).

Mais il importe surtout que les garanties et les cadres prévus soient appliqués : même quand une fraude est avérée, la personne conserve des droits, ses droits fondamentaux à être entendue, à une procédure contradictoire, à l'accès au juge, et la garantie de vivre dans des conditions dignes, donc avec un reste à vivre suffisant.

Plus largement, il est essentiel de mettre en lumière et de tenter de mesurer la maltraitance institutionnelle. C'est dans cette optique que l'Insee a récemment introduit dans ses questionnaires relatifs aux statistiques sur les revenus et conditions de vie des ménages (SRCV) une question portant sur les difficultés liées aux démarches administratives [6].

Cette maltraitance est le résultat de divers phénomènes qui reposent, notamment et plus ou moins explicitement, sur une

---

[6]. Voir par exemple, à propos de l'enquête réalisée en 2021, l'article de F. Gleizes, A. Nougaret, A. Pla, L. Viard-Guillot, « Un tiers des adultes ont renoncé à effectuer une démarche administrative en ligne en 2021 », sur le site de l'Insee.

culpabilisation du bénéficiaire de prestations sociales. Or, si les prestations de solidarité sont versées pour compenser une carence, ce n'est pas un manquement des bénéficiaires qui est en cause mais un manquement de la société : c'est parce qu'elle n'a pas su donner à certaines personnes une place pleine et entière dans la vie active et dans la vie de la cité que la société leur reconnaît un « dû ». Au nom de leur dignité, elle leur verse donc des prestations afin de les protéger du risque d'indigence ou de dépendance économique extrême. Pourtant, certains dispositifs de contrôle – et plus généralement les politiques dites « d'activation » ou de conditionnement des prestations à certains comportements des usagers – renversent cette charge : l'obtention des prestations devient le résultat d'une démarche éprouvante par laquelle le bénéficiaire doit montrer qu'il les « mérite ».

On le voit par ailleurs dans le phénomène du non-recours aux prestations sociales comme le RSA ou le minimum vieillesse, ou dans les conduites d'évitement des soins : il ne s'agit pas tant d'un refus ou d'un manque d'informations que d'une extrême difficulté à affronter les complexités de la machine administrative.

Là encore, cela revient finalement à considérer que la dignité est conditionnelle, alors que tous les textes qui l'ont consacrée juridiquement en ont fait un attribut inconditionnel et irréductible de la personne. Et c'est sur cette conception que nos politiques de solidarité ont été initialement conçues.

La négation de la dignité s'exprime par un autre phénomène, massif en France et souvent nié : la discrimination.

L'expérience des discriminations : une atteinte frontale à la dignité

La discrimination est une atteinte frontale à l'égale dignité. La première conséquence du principe d'égale dignité proclamé par la Déclaration universelle des droits de l'homme vient immédiatement à l'article 2 : « Chacun peut se prévaloir de tous les droits et de toutes les libertés proclamés dans la Déclaration, sans distinction aucune. » Or, nous observons que des distinctions sont opérées et s'expriment notamment à travers les discriminations.

La discrimination, telle qu'elle est définie par le droit, est le fait, dans un des domaines prévus par la loi (emploi, éducation, accès au logement, etc.) de traiter une personne de manière moins favorable qu'une autre placée dans une situation similaire, sur le fondement d'un critère prohibé par la loi (origine, handicap, sexe, âge, orientation sexuelle, particulière vulnérabilité économique, etc.).

La discrimination conduit donc à réduire une personne à son appartenance (vraie ou supposée) à un groupe (les femmes, les homosexuels, les personnes de couleur noire, la pauvreté, etc.). Elle vise des individus non pour ce qu'ils font mais pour ce qu'ils sont ou sont supposés être, en faisant de certains attributs (sexe, couleur de peau, etc.) le signe d'une essence. Elle produit ainsi une assignation, qui enferme la personne dans un groupe auquel elle est supposée appartenir.

La personne victime de discrimination se trouve donc déniée dans sa singularité, mais aussi dans son statut de personne. En ce sens, la discrimination porte indéniablement atteinte à sa dignité.

Aujourd'hui, les discriminations sont davantage dénoncées, nous pouvons nous en réjouir, mais cette dénonciation est insuffisante. Chaque année, l'institution du Défenseur des droits reçoit seulement environ 7 000 saisines relatives à des discriminations. Pourtant, elles affectent quotidiennement la vie de milliers de personnes. Le deuxième volet de la grande enquête Trajectoires et Origines dite TeO, réalisée par l'Ined et l'Insee en 2019-2020 avec notre soutien, montre l'ampleur des discriminations et leur augmentation : 19 % des personnes de 18-49 ans ont déclaré (souvent ou parfois) des discriminations au cours des cinq dernières années. Elles étaient 14 % en 2008.

L'enquête permet d'affirmer que la discrimination est très présente dans notre pays et qu'elle ne régresse pas. Elle témoigne également d'un manque d'intervention des pouvoirs publics dans ce domaine.

L'enquête que nous avions conduite en 2021 avec l'Organisation internationale du travail (OIT) révélait que trois jeunes sur cinq déclaraient avoir été victimes de discriminations. Et ces discriminations n'épargnent pas les personnes qui connaissent le droit et en font leur métier. En 2018, avec la collaboration de la Fédération nationale des jeunes avocats (FNUJA), nous avons publié les résultats d'une enquête portant sur les conditions de travail et les expériences des discriminations dans la profession d'avocat en France. Elles sont nombreuses.

Les expériences de discriminations dans les cinq années précédant l'étude concernent 38 % des personnes interrogées (53 % des avocates et 21 % des avocats). Mais moins de 5 % d'entre elles ont déposé des recours, alors même qu'elles connaissent très bien leurs droits.

Sans ce type d'étude, une bonne part des discriminations serait invisible.

Le faible taux de recours révèle la peur des représailles, des sanctions professionnelles, et le poids du contrôle social. Lorsque les démarches sont jugées trop compliquées, les personnes renoncent à défendre leurs droits.

Rendre visibles les discriminations s'avère délicat, par exemple en matière de contrôles d'identité discriminatoires subis par certains jeunes. Sur ce sujet, la police française n'a pas tiré toutes les leçons des épisodes récents qui ont conduit à revoir les pratiques – notamment aux États-Unis, après la mort de George Floyd, même si les difficultés persistent dans ce pays. Le refus de toute traçabilité des contrôles empêche les personnes qui y sont soumises à de multiples reprises de faire reconnaître l'ampleur de cette discrimination, mais aussi d'exercer leur droit au recours le cas échéant.

Or l'expérience de la discrimination met en cause la dignité de la personne parce qu'elle révèle qu'elle n'a pas été considérée comme l'égale des autres : elle a été réduite à des caractéristiques qui ont déclenché un traitement différencié. C'est bien pour cela que la discrimination a un impact sur la santé mentale et physique des victimes. Ce n'est pas juste une frustration ou un non-accès aux droits.

Nous constatons que les personnes en situation de vulnérabilité sont particulièrement exposées à la discrimination et à ses conséquences multiples. En 2016, le législateur a ajouté la « particulière vulnérabilité résultant de la précarité économique » comme un nouveau critère de discrimination. Nous avons encore peu de recul et peu de saisines se fondant sur ce critère, mais il me paraît essentiel. Je pense par exemple aux personnes auxquelles est refusé un compte bancaire du fait de leur situation sociale. Une discrimination fondée sur la particulière vulnérabilité économique de la personne est potentiellement une atteinte très forte à la dignité : à la précarité déjà subie, on ajoute les effets de la précarité comme une des sources de privation de droits.

Nous avons présenté récemment des observations devant la cour d'appel de Rouen sur une situation portant des atteintes particulièrement importantes à la dignité des travailleurs. Nous avions été saisis par des étrangers en situation irrégulière qui estimaient être victimes de traite. Ayant travaillé pour un restaurateur, ils dénonçaient notamment des conditions de travail et d'hébergement indignes, des rémunérations dérisoires en dessous du minimum légal, des horaires au-delà du maximum autorisé, des fausses promesses de régularisation. La cour d'appel de Rouen a suivi nos observations et a condamné le restaurateur pour traite des êtres humains.

Par ces différents exemples, il apparaît que les missions du Défenseur des droits sont diverses, mais se complètent et ont un point commun : la défense des droits et libertés et donc de la dignité qui en est le socle. C'est le point de départ et l'aboutissement de chaque mission. Les droits et libertés sont la boussole qui nous guide dans notre activité. Leur préservation, dans un contexte où ils sont en danger, est notre raison d'être.

Les « nouveaux gardiens de la dignité »

La Constitution nous a confié en 2008 la charge de veiller au respect des droits et libertés. À travers les situations individuelles que nous recevons, nous contribuons à rétablir les personnes dans leurs droits, mais aussi à renseigner les pouvoirs publics et l'ensemble des citoyens sur les réponses plus globales à apporter pour faire progresser le respect des droits.

Le Défenseur des droits n'est pas le gardien de l'ensemble des droits fondamentaux : il veille au respect des droits dans les domaines de compétence qui lui sont impartis (relations avec les services publics, droits de l'enfant, discriminations, déontologie des forces de sécurité, lanceurs d'alerte). Dans ces domaines, le Défenseur des droits, en veillant à l'effectivité des droits reconnus au nom du respect de la dignité, peut être perçu comme un gardien de la dignité.

Le Défenseur des droits n'est évidemment pas le seul, et c'est heureux dans un État de droit, à veiller au respect de la dignité des personnes. Les pouvoirs publics eux-mêmes, les juges, d'autres autorités indépendantes, mais aussi la société civile, sont ou doivent être des gardiens de la dignité. Mais le Défenseur des droits, fort de son rang constitutionnel, a une place toute particulière, qui est appelée, me semble-t-il, à se développer.

Notre action est efficace, en particulier nos médiations dans de nombreux domaines, grâce à l'implication sans relâche des agents et des délégués du Défenseur des droits pour obtenir des avancées pour toutes et tous, pour remédier, concrètement, aux atteintes aux droits.

Mais nous n'avons pas le pouvoir de faire cesser une atteinte à la dignité. Cela relève de la compétence de l'administration – si elle reconnaît avoir commis une erreur par exemple – ou, en cas de litige, du juge, administratif ou judiciaire.

Année après année, nos réclamations mettent en évidence les difficultés que rencontrent tous les usagers et, notamment, les personnes qui ont le plus besoin de ces services publics. Et le

Défenseur des droits ne saurait constituer un substitut de guichet pour ceux qui ne parviennent plus à accéder aux services publics, car c'est d'abord aux administrations de répondre à cette demande légitime d'accès au service public.

Mais le Défenseur des droits peut aiguillonner, alerter, recommander, voire dénoncer publiquement. Il est en effet fondamental de rendre visibles et faire connaître les situations d'atteinte à la dignité, pour que personne ne puisse détourner le regard, et que cet enjeu trouve, dans le débat public, la place qui lui revient.

Ainsi, nous rendons publiques toutes nos décisions. La médiatisation est un levier incontournable car elle nous permet d'accroître notre capacité d'interpellation mais aussi notre notoriété. Il est important de faire connaître les compétences et les pouvoirs du Défenseur des droits, à la fois auprès des personnes qui pourraient nous saisir, mais aussi auprès des organismes qui pourraient se reconnaître dans les pratiques que nous dénonçons, pour les sensibiliser. Nous avons par exemple une chronique dans le journal *Ouest France*, qui nous permet de relater des exemples d'affaires traitées, de donner la parole aux délégués territoriaux de l'institution.

Nous intervenons également auprès d'administrations pour proposer des formations, par exemple aux fonctionnaires de la police ou de la gendarmerie, pour les informer de l'existence d'atteintes aux droits, et prévenir ces atteintes.

Ce rôle de vigie de la dignité et des droits est globalement reconnu par les pouvoirs exécutifs et législatifs. Nous sommes régulièrement auditionnés par le Parlement à l'occasion d'examen de textes ou des évaluations conduites par les parlementaires. De même, les observations que nous présentons devant les juridictions apportent un éclairage différent, fondé sur notre analyse en droit et sur notre travail d'instruction, précieux pour les juges.

Depuis qu'il existe, le Défenseur des droits reçoit chaque année un nombre croissant de réclamations. Ces dernières années, depuis que je dirige l'institution, ce mouvement est très net : 100 000 en 2020, 115 000 en 2021, 126 000 en 2022. Nous donnons à voir la réalité des épreuves que traversent celles et ceux qui ne parviennent pas à faire respecter leurs droits. Prendre en compte cette réalité est non seulement une exigence démocratique, mais aussi la seule voie pour rétablir la confiance dans nos services publics et nos institutions.

Pour une éthique de la dignité

Comme Défenseure des droits, mais aussi pendant vingt-huit années au sein du mouvement ATD Quart Monde, la question de la dignité, plus précisément de l'égale dignité, a toujours été centrale dans mon engagement.

Pour ATD Quart Monde, la lutte contre la pauvreté est intrinsèquement liée à la reconnaissance de la dignité de toute personne. Les initiales « ATD » le rappellent. Initialement, en 1957, elles signifiaient « aide à toute détresse ». Mais aux États-Unis, lorsque la première antenne d'ATD Quart Monde a été créée, « ATD » a immédiatement signifié « All Together for Dignity ». Et ATD, en France, est devenu « Agir tous pour la dignité ».

La loi de lutte contre les exclusions de 1998, dans son article 1er, rappelle l'importance de cette démarche : « La lutte contre les exclusions est un impératif national fondé sur le respect de l'égale dignité de tous les êtres humains et une priorité de l'ensemble des politiques publiques de la nation. »

Une autre conviction centrale d'ATD Quart Monde, c'est que la lutte contre la pauvreté ne peut se faire qu'en se faisant partenaires des plus pauvres. Cette conviction est venue de son fondateur, Joseph Wresinski, qui avait grandi lui-même dans la grande pauvreté. En créant ATD Quart Monde dans les bidonvilles de Noisy-le-Sec, il voulait que ce soient les plus pauvres qui soient au cœur du mouvement. L'exigence d'un partenariat avec les plus pauvres implique beaucoup de choses, et notamment la reconnaissance et la prise en compte de leur parole : pas leurs témoignages (qui les enfermeraient dans leur condition), mais leurs réflexions, leurs pensées, leurs savoirs.

Cette prise de parole est l'objectif des Universités populaires Quart Monde, créées en 1972, qui sont des espaces de dialogue, de réflexion et de formation réciproques entre des citoyens vivant en grande pauvreté et des personnes s'engageant à leurs côtés. L'essentiel du plaidoyer d'ATD Quart Monde provient des réflexions qui y sont élaborées.

S'agissant de la dignité, la réflexion des militants Quart Monde, qui vivent dans la grande pauvreté, est à mes yeux très éclairante car elle en saisit le cœur, l'expérience concrète. Ils la définissent de façon positive : « La dignité, c'est quand les gens ont du respect pour nous » ; « C'est quand on nous écoute, qu'on n'est pas invisible ».

La participation des personnes concernées est aussi un enjeu de ma mission actuelle. Depuis que j'ai été nommée Défenseure des droits, je fais en sorte que cette préoccupation habite notre travail, notamment dans l'élaboration de nos rapports. Les rapports annuels sur les droits de l'enfant, depuis plusieurs années, sont ainsi largement nourris par les consultations des enfants que nous conduisons. D'autres rapports doivent aussi beaucoup aux contributions recueillies auprès des personnes concernées, comme le rapport « "Gens du voyage" : lever les entraves aux droits ». Et c'est aussi pour écouter les premiers concernés que je tiens à me rendre régulièrement sur le terrain, que ce soit dans des centres de détention, auprès d'agents des services publics, dans des établissements scolaires, dans des Ehpad, dans les campements où vivent des personnes étrangères ou dans des locaux associatifs, etc.

Ce que j'ai pu observer pendant les vingt-huit années comme alliée à ATD Quart Monde, ce sont des atteintes massives à la dignité des personnes : conditions de vie indécentes des enfants, absence de logement ou logements insalubres, contrôles intrusifs des services sociaux (par exemple à compter le nombre de brosses à dents dans la salle de bain), refus de soins...

C'est aussi ce que j'observe aujourd'hui comme Défenseure des droits.

À chaque fois que l'on conditionne l'accès à des droits fondamentaux, on nie l'universalité de la dignité.

La dignité et la pauvreté sont inextricablement liées, et cela a été très bien exprimé par Paul Bouchet, avocat puis membre du Conseil d'État, ancien président d'ATD Quart Monde, qui a milité toute sa vie contre l'exclusion : « La misère n'est pas seulement un objet de compassion, mais d'abord la violation du droit de l'homme le plus fondamental : le droit à la dignité. C'est d'abord ce droit-là que doit assumer la finalité de toute politique visant à abroger l'insupportable misère [7]. »

Or la défense de la dignité de toute personne, « dans les conditions concrètes de vie », est finalement très liée à la défense d'une démocratie effective, qui ne soit pas une démocratie « formelle », disait Paul Bouchet. Et il concluait : « L'égale dignité s'oppose radicalement à toute prétention de hiérarchiser les êtres humains en sur-hommes ou sous-hommes. C'est bien la croyance en une dignité égale de tous les hommes qui différencie fondamentalement la démocratie au sens plein de tous les systèmes totalitaires. »

---

7. Paul Bouchet, *La Misère hors la loi*, Paris, Textuel, coll. « Conversations pour demain », 2000.

Annexe 1 : références de travaux du Défenseur des droits en lien avec la notion de dignité

Sur les services publics : « Le droit à l'erreur » (2019), « Les droits fondamentaux des personnes âgées accueillies en Ehpad » (2021), « Des droits gravés dans le marbre ? La personne défunte et ses proches face au service public funéraire » (2021).

Droits de l'enfant : « La vie privée : un droit pour l'enfant » (2022), « Santé mentale : le droit au bien-être » (2021).

En déontologie de la sécurité : décision (2022-212) relative à la destruction par le feu de cabanes d'habitation (2022), décision (2022-213) relative à l'expulsion de 15 personnes d'un campement en dehors de tout cadre légal (2022), décision (2022-242) relative aux conditions d'accueil dans un commissariat d'une femme atteinte de surdité (2022), règlement amiable (RA-2022-054) relatif à l'aménagement de la cellule d'une personne à mobilité réduite (2022), décision (2022-209) relative à des difficultés d'accès à des protections hygiéniques en garde à vue (2022).

En matière de discriminations : décision (2022-221) relative à des faits de traite des êtres humains dans la restauration (2022), décisions (2021-027) relatives à des harcèlements discriminatoires (notamment : femme portugaise coupeuse mécanicienne, 2021), décision-cadre (2020-136) relative au respect de l'identité de genre des personnes transgenres (2020).

14e baromètre sur la perception des discriminations dans l'emploi consacré à la jeunesse (partie sur les répercussions, p. 24 et suivantes).

Décision (2021-175) du 9 juin 2021 relative à l'établissement d'un rapport spécial à la suite de l'absence de réponse du ministre de l'Économie (bons du trésor).

Arrêt du 14 décembre 2022 de la chambre sociale de la Cour de cassation (21-15.439).

Annexe 2 : extraits de décisions, avis et rapports faisant référence à la dignité

Décision du 30 décembre 2022 relative à la destruction par incendie de lieux d'habitation par des agents municipaux, à la demande de policiers : « Constate que cette intervention a eu pour conséquence de priver les habitants de recours et d'accompagnement sur les questions de logement, de santé et de scolarité ; Considère en conséquence que par cette intervention illégale le capitaine A et le commissaire divisionnaire B ont manqué à leurs obligations de respect de la loi, de protection des personnes, de respect de leur dignité et par là même aux dispositions des articles [...] du Code de la sécurité intérieure. »

Décision du 2 novembre 2022 relative à des faits de traite des êtres humains dans le secteur de la restauration : « M.O. a recruté les plaignants dans le but de les soumettre à des conditions d'hébergement contraires à leur dignité. Le DDD considère que l'ensemble des éléments constitutifs du délit de traite des êtres humains est caractérisés. Il a également relevé que l'employeur avait abusé de la situation de vulnérabilité économique, sociale et administrative des salariés. »

Décision du 9 avril 2021 relative à la réclamation de la fille d'une personne résidant en Ehpad : « Saisie par Mme X qui dénonce les conditions de prise en charge de sa mère résidant Ehpad le jour de son décès, ainsi que les conditions de présentation de son corps à la famille [...] ; Constate le non-respect des dispositions relatives à la dignité du corps humain, à la traçabilité des soins, au formalisme des ordonnances et à la déontologie des professionnels de santé. »

Avis du 23 janvier 2023 relatif à la proposition de loi visant à protéger les logements contre l'occupation illicite. « L'expulsion d'un occupant illicite peut causer une atteinte à la substance de son droit au respect de la vie privée. Si la personne expulsée ne peut retrouver dans des conditions normales un logement, elle est condamnée à vivre à la rue, éventuellement avec sa famille. Elle est ainsi exposée à des traitements inhumains ou dégradants contraires à la sauvegarde de la dignité humaine. [...] Par conséquent, l'expulsion d'un occupant sans droit ni titre ne peut en principe être prononcée pour préserver le droit de propriété que dans des cas strictement délimités. Il est d'abord nécessaire que l'expulsion soit encadrée de manière à limiter les atteintes à la substance du droit au respect de la vie privée et à la dignité des occupants illicites. »

Dans le même sens la décision 2023-31 (pas encore publiée) relative à la transmission d'une question prioritaire de constitutionnalité (QPC) sur la loi ELAN au Conseil constitutionnel : « Les habitants des constructions illicitement bâties, y compris les occupants sans droit ni titre, bénéficient de droits fondamentaux, et notamment du droit au respect de la vie privée et familiale. Leur expulsion et la démolition de leur domicile peuvent causer une atteinte à la substance de ce droit. En outre, si la personne privée de domicile ne peut retrouver dans des conditions normales un logement, elle est condamnée à vivre à la rue, éventuellement avec sa famille. Elle est ainsi exposée à des traitements inhumains ou dégradants contraires à la sauvegarde de la dignité humaine. Enfin, la perte d'un domicile peut entraîner des atteintes à d'autres droits cruciaux "pour l'identité de la personne, l'autodétermination de celle-ci, son intégrité physique et morale, le maintien de ses relations sociales ainsi que la stabilité et la sécurité de sa position au sein de la société". Par conséquent, au regard du risque d'atteinte à la substance des droits fondamentaux et à la dignité humaine des occupants, le législateur doit encadrer précisément les opérations d'évacuation ou de démolition d'un domicile. »

Avis du 23 février 2023 relatif au projet de loi « pour contrôler l'immigration, améliorer l'intégration » : « La lutte contre l'emploi illégal de personnes en situation irrégulière est une politique nécessaire pour prévenir les atteintes à la dignité humaine des étrangers et notamment la traite des êtres humains qui prospère largement à la faveur de la situation administrative précaire de certains travailleurs étrangers. »

Concernant les enfants, le rapport annuel sur le droit à la vie privée des enfants mentionne la dignité à plusieurs reprises :

La procédure de détermination de l'âge des mineurs non accompagnés et les pratiques mettant en cause leur identité : « De nombreuses études et rapports ont démontré que le recours aux examens radiologiques osseux est une méthode peu fiable sur le plan scientifique qui porte atteinte à la vie privée, à la dignité et à l'intégrité physique de l'enfant. »

« Offrir des espaces de vie personnels pour garantir le droit des enfants à la dignité et à vivre dans des conditions décentes. »

Pour le droit des enfants à la protection de leur image.

INHUMAINE DIGNITÉ
La charge de la Terre et des vivants

Benoît Berthelier

Depuis quelques dizaines d'années, le concept de dignité est de plus en plus fréquemment mobilisé dans l'espace public. L'indignation et la demande de dignité constituent en effet la grammaire fondamentale de nombreuses luttes sociales et politiques : ce sont les « vendredis de la dignité » dans les manifestations contre le régime syrien en 2011, le mouvement Black Lives Matter, mais aussi les multiples épigones des « Indignés » en Europe et dans le monde. On peut se demander si cette grammaire de la dignité est compatible avec la cause écologiste et animale, c'est-à-dire avec la cause des non-humains. Car c'est bien sûr la reconnaissance et le respect de la dignité humaine qui est à l'horizon des luttes des Indignés ou de Black Lives Matter. Quelle place peut-il alors y avoir pour la dignité dans une pensée et une action soucieuses du respect des animaux, des vivants et de la Terre ? Une convergence est-elle possible entre la mobilisation pour la dignité humaine et la défense de la nature ? Aujourd'hui plus que jamais, les difficultés des mouvements écologistes et animalistes à se faire véritablement entendre signalent leur besoin d'un lexique philosophique et politique mobilisateur, susceptible de catalyser des transformations sociales et politiques de grande ampleur. Mais il n'est pas certain que la grammaire de la « dignité » soit si facilement appropriable par l'écologie ou par la cause animaliste.

Le problème est simple : la dignité humaine semble n'être qu'un autre nom de l'anthropocentrisme, cible commune des mouvements écologistes et animalistes. La notion de dignité ne vise-t-elle pas en effet à marquer une différence de nature entre la valeur de l'humanité et celle des non-humains, c'est-à-dire à faire valoir une « exception » humaine, sans équivalent dans la nature[1] ? On comprend à cet égard qu'écologistes et animalistes aient tendance à voir la notion de dignité humaine comme un embarras plutôt que comme une ressource conceptuelle et stratégique pour leurs combats. S'il est essentiel au concept de dignité qu'il s'applique non seulement à *tous* les êtres humains mais aussi et surtout *uniquement* aux êtres humains, une hiérarchie de valeur indépassable semble alors entérinée entre les humains d'un côté, et les animaux et la nature de l'autre. Pour certains théoriciens des droits de l'homme, c'est parce que nous ne sommes pas des animaux que nous avons une dignité, et donc des droits exclusifs, que les animaux et *a fortiori* la nature ne partagent pas. « Le cœur de l'idée de dignité humaine, écrit ainsi George Kateb, c'est que sur Terre, l'humanité constitue le type d'être le plus élevé – et que chacun de ses membres mérite d'être traité d'une manière qui tient compte de la haute valeur de l'espèce[2]. »

Une telle conception justifie sans peine que les humains se croient autorisés à exploiter les animaux, la nature et ses ressources sans restriction. De fait, l'envers de la conquête occidentale de la dignité humaine, c'est aussi une économie qui tue toujours plus d'animaux et qui brûle toujours plus de charbon et de pétrole. Que chacun puisse avoir une vie « digne », un logement décent, se chauffer, se déplacer, avoir accès à des protéines animales, etc., a aussi un coût environnemental : la reconnaissance matérielle et sociale de la dignité repose historiquement sur un modèle écologique dommageable pour la nature, et plus encore pour les animaux.

Il n'est pas évident de savoir quoi faire d'un tel anthropocentrisme, qu'on retrouve, sous des formes plus ou moins atténuées, à la fois au cœur de nombreuses théories contemporaines de la dignité et au cœur de nos systèmes économiques et politiques.

---

[1]. Sur le concept de dignité humaine et son histoire, voir Michael Rosen, *Dignity. Its History and Meaning*, Cambridge, Harvard University Press, 2012.
[2]. George Kateb, *Human Dignity*, Cambridge, MA, Harvard University Press, 2011, p. 3-4 (trad. de l'auteur).

Comment, dans ces conditions, extraire la dignité de sa gangue anthropocentriste sans la vider de son sens ? Comment penser un concept de dignité sensible à la question animale et écologiquement pertinent ? On entend ici donner un aperçu de ces questions, en explorant deux stratégies de réponse symétriques, et leurs limites : l'abandon pur et simple de l'idée de dignité humaine d'une part ; l'extension de l'idée de dignité aux non-humains et en particulier aux animaux d'autre part. On esquissera pour conclure une manière différente de thématiser la dignité humaine, non plus comme propriété métaphysique ou comme place dans une hiérarchie des êtres, mais comme *charge* publique, charge de la Terre et des vivants que chaque citoyen est appelé à endosser.

Peut-on se passer de l'idée de dignité humaine ?

Certains critiques n'hésitent pas à qualifier l'anthropocentrisme sous-tendu par la notion de dignité humaine de « suprémacisme[3] ». La dignité humaine est porteuse d'un « suprémacisme » dans la mesure où elle est exclusivement et proprement humaine, c'est-à-dire dans la mesure où il s'agit d'exclure la possibilité que les non-humains la partagent d'une quelconque manière. Pour Will Kymlicka, si l'on veut se débarrasser d'un tel « suprémacisme », il faut donc aussi se débarrasser de la notion de dignité humaine. Kymlicka soutient d'une part que le maintien d'un concept suprémaciste de la dignité humaine fragilise les droits humains eux-mêmes, et d'autre part qu'il n'y a aucune nécessité à fonder de tels droits sur le concept de dignité humaine. Plusieurs études de psychologie sociale tendent en effet à montrer que la croyance à la supériorité de l'humain sur les non-humains est corrélée à une plus forte tendance à déshumaniser les humains eux-mêmes, en

---

3. Will Kymlicka, « Human Rights without Human Supremacism », *Canadian Journal of Philosophy*, 48(6), 2018, p. 763-792.

particulier ceux qui font partie de groupes marginalisés (personnes racisées et immigrées notamment). Les croyances relatives à la hiérarchie humain/animal, en particulier chez les enfants, impliquent ainsi une plus grande probabilité de formuler des préjugés racistes et déshumanisants [4].

Le « suprémacisme » pose également problème du point de vue de la théorie des droits humains. En effet, la tentative de sauvegarder à tout prix l'exclusivité de la dignité humaine conduit à une surenchère dans les critères susceptibles de fonder une telle dignité : s'il faut que les animaux soient privés de ce qui confère à l'homme sa dignité, alors on donnera pour critère de cette dernière non pas la sensibilité, mais la conscience, et si la conscience ne suffit pas, le langage, et si le langage ne suffit pas, la raison, et si la raison est encore une catégorie trop lâche, on fixera la barre encore plus haut, pour ainsi dire. À la manière de Kant, on fera par exemple reposer la dignité humaine sur une conception extrêmement exigeante de l'autonomie et de la délibération dans un espace public de réflexion. Le problème, c'est qu'il n'y a probablement aucun humain qui soit, à chaque instant de son existence, un être autonome et libre au sens de Kant – Kant en étant d'ailleurs conscient, ce pourquoi il considère la moralité comme une tâche inachevable. Nous sommes tous vulnérables, nous avons tous été des nourrissons incapables de parler et de raisonner, nous courons tous le risque de la perte d'autonomie dans la vieillesse, de la maladie ou du handicap. Comme le souligne Kymlicka, l'évolution du droit va d'ailleurs dans le sens d'une reconnaissance de la vulnérabilité humaine : la Déclaration des droits de l'enfant (1990) et la Convention relative aux droits des personnes handicapées (2006) en sont deux témoignages éloquents. Ce n'est donc pas tant la remise en cause de l'anthropocentrisme que sa défense opiniâtre qui constitue une menace pour les droits humains : en voulant exclure les animaux de toute reconnaissance de dignité, ce sont

---

4. Voir les travaux de Kimberly Costello et Gordon Hodson cités par Kymlicka, notamment « Explaining Dehumanization Among Children : The Interspecies Model of Prejudice », *British Journal of Social Psychology*, 53(1), 2014, p. 175-197.

aussi de nombreux humains que l'on risque de laisser en dehors de la sphère de protection que ces droits ont pour but de garantir.

À rebours d'un tel « suprémacisme », il existe de multiples anthropologies non anthropocentristes qui peuvent servir de fondement aux droits humains : une anthropologie des besoins vitaux par exemple, ou encore une anthropologie des capabilités, de la vulnérabilité, ou du *care*. Ces notions peuvent sans peine s'appliquer aux vies animales, qui sont également vulnérables, caractérisées par des besoins, et qui présentent une gamme diverse de capabilités. Les théories des droits humains qui se fondent sur ces notions n'excluent pas que les animaux puissent eux aussi avoir des droits précisément sur les mêmes fondements. À l'inverse, pour Kymlicka, le recours à la notion de dignité humaine semble répondre à une logique d'exclusion des animaux de la sphère des droits fondamentaux. Autant on reconnaîtra sans peine qu'un poulet puisse avoir des besoins vitaux, qu'il puisse souffrir et avoir une vie à lui, autant il semble étrange de parler de la « dignité du poulet » : il n'est pas évident de savoir à quoi renvoie un tel concept ni ce qu'il commande exactement d'un point de vue moral et politique. En effet, en dépit de multiples tentatives pour clarifier le concept de « dignité animale », on peut juger que ce concept reste, par bien des aspects, inadéquat et qu'en tout cas il ne fait pas partie du langage naturel de la défense des animaux et, en particulier, de leurs droits[5]. Mieux vaudrait donc se passer du concept de dignité, piégé par une métaphysique délétère et écologiquement caduque.

Mais cela ne revient-il pas à jeter le bébé avec l'eau du bain ? Se débarrasser de la notion de dignité humaine au nom de la critique de l'anthropocentrisme n'est pas entièrement satisfaisant, parce que ce concept conserve une pertinence philosophique et une capacité de mobilisation politique considérables. C'est d'ailleurs la raison pour laquelle de nombreux philosophes ont tenté

---

5. Federico Zuolo, « Dignity and Animals. Does it Make Sense to Apply the Concept of Dignity to all Sentient Beings ? », *Ethical Theory and Moral Practice*, 19(5), p. 1117-1130 ; W. Kymlicka, « Human Rights without Human Supremacism », art. cité, p. 771.

non pas d'éliminer la dignité humaine mais de l'étendre aux non-humains. Comme le souligne Serge Audier : « Pour des raisons de fond et de stratégie, aucune politique écologique ne peut sérieusement rayer d'un trait de plume l'idée de dignité humaine, qui remonte au moins – si l'on s'en tient à l'Occident – à l'Antiquité, reformulée avec le judaïsme et le christianisme puis avec les grandes révolutions démocratiques[6]. » Renoncer à la dignité humaine, d'une certaine manière, ce n'est pas seulement renoncer à la « modernité » fustigée par les écologistes, c'est renoncer à tout un pan de l'histoire humaine.

C'est pourquoi bien des théoriciens et des défenseurs de la dignité regardent d'un mauvais œil les critiques de l'anthropocentrisme, précisément parce qu'il leur semble que les écologistes et les animalistes sont souvent un peu trop prompts à rejeter l'humanisme avec l'anthropocentrisme. Le cas du Project Tiger mis en place en Inde, en 1971, est souvent évoqué comme exemple typique d'une gestion environnementale aveugle aux droits de l'homme et aux inévitables problèmes de justice soulevés par la protection des animaux et de la nature. Le Project Tiger a en effet contraint des centaines d'Indiens à quitter leurs villages au nom de la création d'une réserve naturelle visant à protéger les tigres du Bengale[7]. Les seuls humains à qui cette réserve profite sont les touristes occidentaux et les élites nationales. D'où les multiples dénonciations de l'« anti-humanisme » de l'écologie et de la cause animale, prêtes à sauver les tigres plutôt que les paysans, les poissons plutôt que les pêcheurs, les loups plutôt que les bergers[8]. L'écologie a de fait été sans cesse accusée d'anti-humanisme, voire de fascisme – les critiques les moins subtils se plaisant quasi systématiquement à évoquer la prétendue passion du Troisième Reich et d'Hitler lui-même pour les animaux et la

---

6. Serge Audier, *La Cité écologique. Pour un éco-républicanisme*, Paris, La Découverte, 2020, p. 68.
7. Ramachandra Guha, « Radical American Environmentalism and Wilderness Preservation : A Third World Critique », *Environmental Ethics*, 11(1), 1989, p. 71-83.
8. Baptiste Morizot, « L'écologie contre l'Humanisme », *Essais*, 13, 2018, p. 105-120.

protection de la nature [9]. Des accusations d'« écofascisme » sont même venues des animalistes eux-mêmes : certains d'entre eux se sont en effet alarmés que les éthiques « écocentristes », en faisant primer nos obligations vis-à-vis des communautés biotiques dont nous sommes membres sur le respect de la valeur intrinsèque des individus qui les composent, puissent permettre de justifier la mise à mort d'individus animaux et même d'individus humains menaçant l'intégrité d'un écosystème ou la biodiversité [10]. En réalité, comme le rappelle John Baird Callicott, les obligations que nous avons vis-à-vis de la communauté biotique ne supplantent nullement celles que nous avons envers les humains, mais aussi envers les animaux domestiques : ces obligations demandent à être articulées [11].

Les critiques « humanistes » de l'écologie ne sont donc pas toujours justifiées. Il y a pourtant des cas où les combats écologistes et animalistes semblent bien frôler l'indécence. En témoignent les scandales suscités par le rapprochement, fréquemment fait par certaines organisations de défense des animaux, entre la Shoah, l'esclavage, et l'abattage industriel des animaux. L'exposition « Holocaust on your Plate » (L'Holocauste dans votre assiette) organisée par l'association américaine PETA (People for the Ethical Treatment of Animals), et montrée dans une vingtaine de pays entre 2003 et 2005, en est un exemple particulièrement parlant : sur de grands panneaux étaient juxtaposées une photographie d'animal d'élevage agonisant à droite, et, à gauche, une photographie de victime de la Shoah [12]. Du strict point de vue du nombre de vies perdues, ce genre de « comparaison

---

9. Johann Chapoutot, « Les nazis et la "nature". Protection ou prédation ? », dans Marie-Bénédicte Vincent, *Le Nazisme, régime criminel*, Paris, Perrin, 2015, p. 211-230 ; Élisabeth Hardouin-Fugier, « Un recyclage français de la propagande nazie. La protection législative de l'animal », *Écologie et Politique*, 24(1), 2002, p. 51-70.
10. Tom Regan, *The Case for Animal Rights*, Berkeley & Los Angeles, University of California Press, 1983, p. 362.
11. John Baird Callicott, *Éthique de la terre*, « Le problème de l'écofascisme », Marseille, Wildproject, 2021, 2ᵉ édition, p. 163-190.
12. Pour une analyse de ces expositions, voir Claire Jean Kim, « Moral Extensionism or Racist Exploitation ? The Use of Holocaust and Slavery Analogies in the Animal Liberation Movement », *New Political Science*, 33(3), 2011, p. 311-333.

redoutable [13] » se justifie sans doute et provoque un questionnement moral nécessaire. Mais la démarche, volontairement brutale, conserve quelque chose de profondément inacceptable. Le rapprochement animal/Juif renferme en effet une violence difficile à éluder. Il en va de même pour le rapprochement animal/Noir. Précisément, mettre sur le même plan le destin des animaux et ceux des Noirs ou des Juifs, c'est reprendre, avec une motivation certes exactement inverse, la stratégie même des autorités nazies et des suprémacistes blancs. C'est remettre sous les yeux des victimes la déshumanisation dont ils ont été l'objet et contre laquelle ils se sont battus précisément pour faire reconnaître qu'*ils n'étaient pas des animaux*. La lutte contre le racisme et l'antisémitisme a en effet souvent conduit à défendre le caractère inviolable de la frontière entre l'humanité et l'animalité. Dans de tels contextes, le caractère sacré de la frontière compte de manière essentielle. La revendication d'une dignité proprement humaine peut aussi avoir ce sens de sanctification de la différence anthropologique, c'est-à-dire de rejet de toutes formes de déshumanisation. La dignité désigne précisément une appartenance de droit à l'humanité, qu'on ne peut pas révoquer sur la base d'une différence de race, de religion, de genre, de capacités motrices ou cognitives : il n'y a pas de « moins qu'humains ».

Mais qu'en est-il alors des non-humains, et en particulier des animaux ? En effet, on dit bien souvent qu'être traité dignement, c'est ne pas être traité comme un animal, comme un chien ou comme du bétail [14] : le respect de la dignité humaine consiste à ne pas être parqué ou mis en cage, à ne pas être réduit au statut de bête de somme ou d'animal de cirque. Mais que veut-on dire par là ? Soit on veut dire que de tels traitements sont légitimes quand ils sont réservés aux animaux mais illégitimes quand ils s'appliquent aux humains : dans ce cas, les animaux – et les

---

13. Marjorie Spiegel, *The Dreaded Comparison. Human and Animal Slavery*, New York, Mirror Books, 1996. Voir également David Sztybel, « Can the Treatment of Animals Be Compared to the Holocaust ? », *Ethics & the Environment*, 11(1), 2006, p. 97-132.
14. Catherine Larrère, « Qu'est-ce que l'humanisme aujourd'hui ? », *Humanité et Biodiversité*, 4, 2017, p. 62.

vivants dans leur ensemble – sont réduits au statut de pures choses, ce qu'il semble aujourd'hui difficile d'accepter. Soit on veut dire que ces traitements sont tout aussi indignes dans le cas des humains que dans le cas des animaux, mais quel sens donne-t-on alors aux concepts de dignité et d'indignité puisqu'ils ne sont plus réservés au seul être humain ?

Bien des situations que les animaux se trouvent contraints d'endurer pourraient sans peine être qualifiées d'indignes, à commencer par les conditions de vie et de mort de la plupart des animaux d'élevage. Le sort des animaux sauvages, à l'heure de la sixième extinction de masse, n'est pas beaucoup plus réjouissant. La mise à mort violente, la cruauté, la torture, l'enfermement, l'isolement prolongé : tous ces modes de traitement semblent indignes, qu'ils soient infligés à des humains ou à des animaux sensibles. Mais que veut-on dire ici par « indigne » ? Bien souvent, ce qu'on veut dire, sans y prendre en garde, c'est que de tels traitements sont « inhumains [15] ». Il est en effet fréquent de lire et d'entendre que les animaux méritent un traitement « plus humain », ou que nous avons envers eux un « devoir de compassion et d'humanité » pour reprendre la formule de John Rawls [16]. Tout se passe comme si pour être vraiment humain, il fallait aussi toujours bien traiter les animaux. Et l'on voit l'ambiguïté : le problème de notre rapport aux animaux, ce serait avant tout que nous, les humains, ne sommes pas à la hauteur de notre humanité. On est donc ici face à une sorte de chiasme : d'un côté, il est indigne de traiter les humains comme des animaux ; et de l'autre, il est indigne de traiter les animaux de manière inhumaine.

---

15. L'ambiguïté apparaît plus clairement en anglais dans la distinction entre *human* (humain) et *humane* (empathique). Voir par exemple Sue Donaldson et Will Kymlicka, *Zoopolis. A Political Theory of Animal Rights*, Oxford, Oxford University Press, p. 19.
16. John Rawls, *A Theory of Justice*, Cambridge, MA, Harvard University Press, 1971, p. 512.

Peut-on étendre l'idée de dignité aux non-humains ?

Déplorer le sort « indigne » ou « inhumain » réservé aux animaux peut signifier deux choses distinctes : que maltraiter les animaux est *indigne de nous* en tant qu'humains, ou que les animaux ne doivent pas être maltraités *en vertu de leur dignité propre*. La première option est kantienne ; la seconde peut être qualifiée d'« extensionniste », au sens où elle suppose une extension de la dignité aux individus animaux. Pour Kant, seuls les êtres raisonnables ont une dignité qui leur confère le statut de personne : on ne peut les utiliser simplement comme des moyens. Tout le reste des existants, la nature et les animaux, étant dépourvus de raison, ne sont pas des personnes : ce sont donc des choses. Mais cela ne signifie pas pour Kant que nous n'avons pas de devoirs à leur égard, en particulier dans le cas des animaux. Nous avons des devoirs indirects envers ces derniers, qui ne sont jamais pour Kant que des devoirs envers nous-mêmes [17]. Ne pas faire preuve de cruauté envers les animaux est un devoir : ne pas respecter ce devoir, c'est manquer à notre humanité, c'est indigne de nous. La justification de ce devoir est empirique, à la fois psychologique et anthropologique : la cruauté envers les animaux peut émousser notre disposition à bien traiter les autres humains. S'il faut éviter de faire souffrir « inutilement » les animaux, ce n'est pas par égard pour eux et certainement pas pour leur dignité – les animaux ont un simple prix que seul l'homme peut leur donner – mais pour cultiver en nous une disposition à la bonne volonté.

Le problème de la conception kantienne, c'est qu'elle instaure une frontière stricte entre les choses et les personnes, et que les animaux se retrouvent du mauvais côté de la frontière. Reconnaître que les animaux ne sont pas des choses implique de reconnaître qu'ils sont engagés dans toutes sortes d'activités, bien plus complexes qu'on pourrait le penser : un grand nombre d'entre

---

17. Emmanuel Kant, *Métaphysique des mœurs. Deuxième partie : Doctrine de la vertu* (1797), traduit de l'allemand par A. Philonenko (trad. modifiée), Paris, Vrin, 1985, p. 118 (Ak. VI, 443).

eux peut exprimer des préférences et des intérêts, certains peuvent apprendre, communiquer, s'allier et se diviser, jouer, utiliser des outils, etc. Bref, les animaux ont, d'une certaine manière, une vie à eux. Et pourquoi cette vie n'aurait-elle pas sa dignité ? L'idée que les animaux ont le droit à une vie digne, non seulement à ne pas être torturés et exploités, mais aussi à pouvoir se mouvoir librement et à nouer des relations avec d'autres vivants, en développant toutes les possibilités qui sont les leurs, est l'intuition centrale des stratégies « extensionnistes », qui visent à adapter le concept de dignité aux vies animales.

Une telle stratégie est par exemple adoptée par Martha Nussbaum, qui a proposé d'étendre sa théorie des capabilités aux animaux[18]. Pour Nussbaum, la théorie des capabilités repose d'abord sur une certaine conception de la dignité humaine. La dignité renvoie à la qualité d'une vie pleinement épanouie, riche de multiples activités typiquement humaines : une vie où l'on jouit d'une bonne santé, où l'on éprouve du plaisir, où l'on imagine, pense et raisonne, où l'on aime et prend soin des autres, où l'on est membre d'une communauté, etc. Il s'agit alors de garantir politiquement et institutionnellement les possibilités concrètes, les capabilités que chacun a de s'engager dans ces activités essentielles à toute vie humaine. La justice vise l'atteinte d'un seuil de capabilité en dessous duquel la vie humaine est précisément jugée indigne. Pour Nussbaum, cette approche par les capabilités peut très bien être appliquée à différentes formes de vie : à chaque forme de vie ses capabilités, et son type de dignité. Tous les animaux (sensibles, précise Nussbaum) ont le droit de vivre une vie épanouissante. Et la norme de cet épanouissement, c'est ce qu'on peut appeler la dignité de l'espèce considérée. La dignité pour Nussbaum est en effet propre aux individus, mais se définit au niveau de l'espèce : la dignité d'un animal dépend de la norme d'épanouissement propre à son espèce. Un ver de terre ne s'épanouit pas de la même

---

18. Martha C. Nussbaum, *Frontiers of Justice. Disability, Nationality, Species Membership*, Cambridge, Harvard University Press, 2006, p. 325-407.

façon qu'un loup, et le second aura sans doute besoin de plus de ressources et d'opportunités pour vivre une vie digne d'un loup.

En dépit de la spécificité de chaque norme d'épanouissement, Nussbaum propose néanmoins une liste très générale de dix « capabilités animales » (vie, santé du corps, intégrité physique, imagination, émotions, etc.) qui constitue l'armature de l'idée de « dignité animale [19] ». Cette liste est explicitement dérivée de la liste des capabilités humaines, donc de critères humains de l'épanouissement. De ce point de vue, il reste quelque chose d'anthropomorphiste dans la stratégie de Nussbaum. Comme elle le reconnaît elle-même, nous ne savons pas grand-chose des capacités des animaux et de la grande diversité de manières dont ils vivent leurs vies. Certes, chaque espèce est singulière, mais toutes évoluent aussi en lien avec d'autres espèces et avec leur environnement. Chaque population et, dans certains cas, chaque individu, a ses particularités éthologiques. Les contextes de la vie animale sont par ailleurs extrêmement variés : la norme d'épanouissement d'un chimpanzé recueilli à la naissance par une famille humaine et celle d'un chimpanzé dans la forêt camerounaise ne seront probablement pas les mêmes – et pourquoi faudrait-il qu'elles le soient ? Sauf à considérer que la vie d'un chimpanzé hors de la forêt n'est pas une vie digne d'un chimpanzé [20]. Établir une liste générale de capabilités susceptibles de servir de grille de lecture pour toute vie animale a donc quelque chose d'étrange et d'essentialisant [21]. Pourquoi les animaux devraient-ils nécessairement en effet s'épanouir d'une manière concordante ? Et pourquoi leurs normes d'épanouissement seraient-elles convergentes avec la norme humaine ?

On pourrait aussi se demander pourquoi l'approche par les capabilités se limiterait nécessairement aux animaux. Pourquoi,

---

19. *Ibid.*, p. 392 et suiv.
20. S. Donaldson et W. Kymlicka, *Zoopolis*, *op. cit.*, p. 95 et suiv.
21. Rappelons que Nussbaum a d'abord présenté sa théorie des capabilités comme un essentialisme : M. C. Nussbaum, « Human Functioning and Social Justice : In Defense of Aristotelian Essentialism », *Political Theory*, 20(2), 1992, p. 202-246. Le problème, c'est qu'on ne peut pas essentialiser de la même façon l'humain et l'animal. L'animal, d'une certaine manière, cela n'existe pas – c'est ce que met en exergue l'« Animot » de Jacques Derrida (*L'Animal que donc je suis*, Paris, Galilée, 2006, p. 73-74).

en effet, ne pas considérer que les plantes ont aussi certaines normes génériques d'épanouissement (avoir suffisamment d'eau, de lumière, d'espace, etc.) ? Accepter qu'il y ait une dignité pour chaque forme de vie implique logiquement de reconnaître une dignité aux plantes, à moins de faire entrer en jeu un autre critère de considération morale – la sensibilité notamment, qui joue toujours à l'arrière-plan chez Nussbaum. Or, si parler de « dignité animale » peut être difficile à accepter, envisager une « dignité des plantes » semble plus étrange encore. Cette idée a pourtant fait son chemin, chez Peter Wohlleben par exemple, qui évoque le droit des arbres à « pouvoir vieillir dans la dignité, puis mourir de mort naturelle [22] ». On retrouve une idée similaire dans les travaux de la Commission fédérale suisse d'éthique pour la biotechnologie dans le domaine non humain (CENH) portant sur « le respect des plantes au nom de leur valeur morale [23] ».

Les critiques les plus féroces – mais aussi les plus fécondes – de cette idée viennent sans doute des animalistes eux-mêmes. Car faire comme si la dignité d'une vache et celle d'une carotte avaient le même sens, c'est tout simplement vider de son sens la défense des animaux, et reléguer au second plan la spécificité de leur souffrance [24]. Si la notion de « dignité animale » a un sens, alors l'animalisme a paradoxalement besoin d'un concept de dignité *exclusivement* animale, qui ne s'applique *pas* aux plantes, parce que indifférencier le statut moral des animaux et des plantes reviendrait à donner raison à ceux qui pensent qu'il n'y a pas plus de mal à manger une côte de bœuf qu'un potage.

Le problème qui se pose ici est donc celui de la hiérarchie des dignités. Une fois qu'on a reconnu qu'il y avait autant de types de dignité que de formes vivantes, faut-il également soutenir que toutes exigent une considération morale égale ? Nussbaum, sur

---

22. Peter Wohlleben, *La Vie secrète des arbres*, trad. Corinne Tresca, Paris, Les Arènes, 2017, p. 251.
23. CENH, *La Dignité de la créature dans le règne végétal*, Berne, 2008.
24. Voir S. Donaldson et W. Kymlicka, *Zoopolis*, *op. cit.*, p. 36, qui n'hésitent pas à affirmer qu'un écosystème et une orchidée sont des choses. Voir également Florence Burgat, *Qu'est-ce qu'une plante ? Essai sur la vie végétale*, Paris, Seuil, 2020, p. 14.

cette question, reste évasive : elle se contente d'affirmer que toutes les créatures (animales, et en particulier sensibles) ont une dignité qui doit être respectée, mais elle refuse de soutenir que ces dignités méritent un respect *égal*. Elle concède qu'il n'y a apparemment « aucune manière respectable de dénier l'égale dignité des créatures [25] », mais elle juge qu'il serait philosophiquement imprudent et politiquement contre-productif d'affirmer cette égalité. On se retrouve donc sans critère pour trancher les conflits entre respect de la dignité humaine et respect des dignités animales, qui sont généralement toujours tranchés en faveur des humains, c'est bien le problème. Nussbaum ne semble par exemple pas prête à renoncer entièrement à l'alimentation carnée si cela peut nuire à la santé des enfants humains, ni à la recherche et à l'expérimentation sur les animaux si cela peut conduire à sauver des vies humaines [26]. De telles conclusions n'ont rien de choquant, mais elles impliquent clairement que la dignité humaine se place au-dessus de la dignité animale, en tout cas dans ces cas précis, qui sont à la fois les plus graves et les plus délicats. Sans principe de hiérarchisation ou d'égalité des dignités, la généreuse extension de la dignité au-delà de l'humain peut vite devenir ineffective, en menant soit à une métaphysique impraticable, soit à une casuistique fragile.

La dignité humaine comme charge

Étendre la dignité aux non-humains ne nous semble donc pas être une stratégie viable. Dans le contexte singulier que constitue l'anthropocène, l'enjeu n'est pas tant de déshumaniser la dignité que de remotiver la notion de dignité humaine d'une nouvelle manière, en la pensant comme une charge, comme une fonction à exercer dans la cité. Il s'agit en effet de réhabiliter un sens moins

---

25. M. C. Nussbaum, *Frontiers of Justice*, *op. cit.*, p. 383.
26. *Ibid.*, p. 402-404.

courant du mot « dignité », son sens pragmatique, par opposition à son sens métaphysique : historiquement, la dignité renvoie d'abord non pas à quelque chose que l'on a, mais à quelque chose *à faire*. La dignité est une prérogative, une fonction éminente qui a d'emblée une dimension civique et politique, parce qu'elle est reconnue comme supérieurement importante dans la société. On parle en ce sens de la « dignité » d'officier, de cardinal, de magistrat ou de diplomate : c'est pourquoi on qualifie aussi les personnes qui exercent de telles fonctions de « dignitaires [27] ».

Dans l'anthropocène, et en particulier dans le contexte d'un changement climatique qui rend la possibilité même de la vie sur Terre incertaine, les humains se trouvent investis d'une nouvelle dignité, d'une nouvelle charge : celle de la Terre et des vivants. De cette charge, il n'y a aucune gloire à tirer tant qu'on ne l'a pas assumée et mise en œuvre. Et il ne faut pas attendre cette mise en œuvre de « l'humanité » comme entité abstraite, mais de citoyens qui agissent dans des communautés politiques structurées à plusieurs échelles – du local au global, en passant par l'échelle étatique et la coopération régionale. La charge de la Terre et des vivants nous lie aux humains comme aux non-humains, non pas parce que nous serions tous effectivement reliés et connectés par de multiples réseaux d'acteurs, mais parce que l'anthropocène nous lie dans une communauté de destin : tous les vivants auront à subir les effets des bouleversements climatiques et écologiques à venir – à des degrés divers certes, et c'est l'un des enjeux d'une justice environnementale –, personne ne pourra prétendre y échapper complètement. Ce qu'il faut élargir, ce n'est donc pas tant la dignité métaphysique kantienne que l'idée du bien commun dont nous avons la charge, et qui concerne aussi bien les animaux d'élevage que les animaux sauvages, les vivants dans leur ensemble et les écosystèmes qu'ils peuplent.

---

27. C'est aussi le sens pragmatique de la dignité que l'on retrouve dans la Déclaration des droits de l'homme et du citoyen de 1789, dont l'article 6 dispose que les citoyens sont « également admissibles à toutes les dignités, places et emplois publics, selon leur capacité ».

Se soucier de la Terre et des vivants n'est pas un devoir moral, c'est une charge publique. Et il s'agit d'être à la hauteur de cette charge. Ce n'est pas un devoir envers nous-mêmes en tant qu'humains, mais une exigence de réponse à la détresse des vivants, dont l'appel s'adresse à chacun. En effet, de cette charge anthropocénique, chacun devrait prendre une part. Il faut s'assurer d'un accès égal à cette nouvelle dignité, et donc favoriser les conditions d'une participation citoyenne et démocratique à la charge de la Terre. Cela signifie-t-il qu'il s'agit d'une dignité sans dignitaires ? En un sens, oui, puisque l'enjeu est de constituer cette charge comme un « service civique » plutôt que comme une affaire d'experts [28]. Mais il est également crucial de valoriser publiquement et politiquement le travail de tous ceux qui sont quotidiennement au contact des animaux, des forêts, des fleuves et des bouleversements du climat. On ne peut pas espérer engager démocratiquement la société dans un souci de la Terre et des vivants sans *rendre visibles* les multiples relations que nous entretenons d'ores et déjà avec eux pour le meilleur et pour le pire, et qui restent souvent dans l'ombre. Il faut rendre visibles et apprendre à valoriser différemment les relations qui constituent la trame de nos vies ordinaires pour les constituer comme enjeux politiques – c'est la grande leçon des théories du *care* [29]. Cela suppose en particulier d'accorder plus d'attention à tous ceux qui ont quelque chose à nous apprendre de ces relations, et que nous écoutons trop peu : climatologues et écologues bien sûr, mais aussi employés d'abattoir, fermiers et bergers, gardes forestiers, compteurs d'oiseaux et « diplomates » qui inventent d'autres manières de cohabiter avec les non-humains [30]. C'est aussi de la dignité de ces fonctions particulières qu'il est question.

---

28. Sur l'idée d'un « service civil social-écologique », en un sens républicain, voir S. Audier, *La Cité écologique, op. cit.*, p. 275 et suiv.
29. Joan Tronto, *Un monde vulnérable. Pour une politique du care*, traduit de l'anglais par Hervé Maury, Paris, La Découverte, 2009.
30. Baptiste Morizot, *Les Diplomates. Cohabiter avec les loups sur une autre carte du vivant*, Marseille, Wildproject, 2016.